EXPOSITION

NATIONALE ET COLONIALE

DE ROUEN

1896

RAPPORT GÉNÉRAL

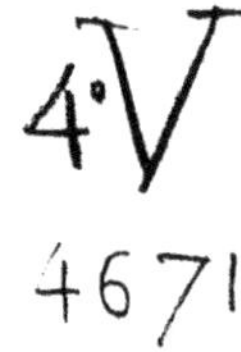

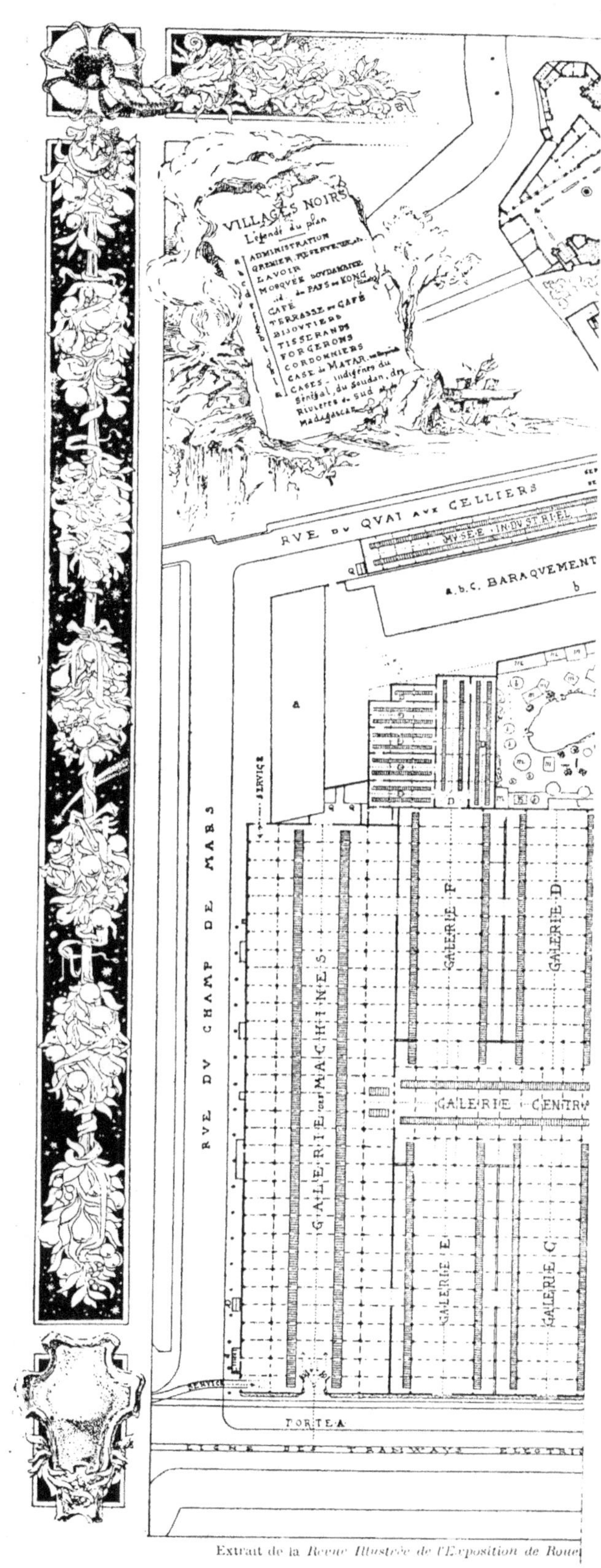

Extrait de la *Revue Illustrée de l'Exposition de Roue*

EXPOSITION

NATIONALE ET COLONIALE

DE ROUEN

1896

RAPPORT GÉNÉRAL

PAR

M. EUG. GARNIER

Secrétaire Général

ROUEN

IMPRIMERIE JULIEN LECERF

1899

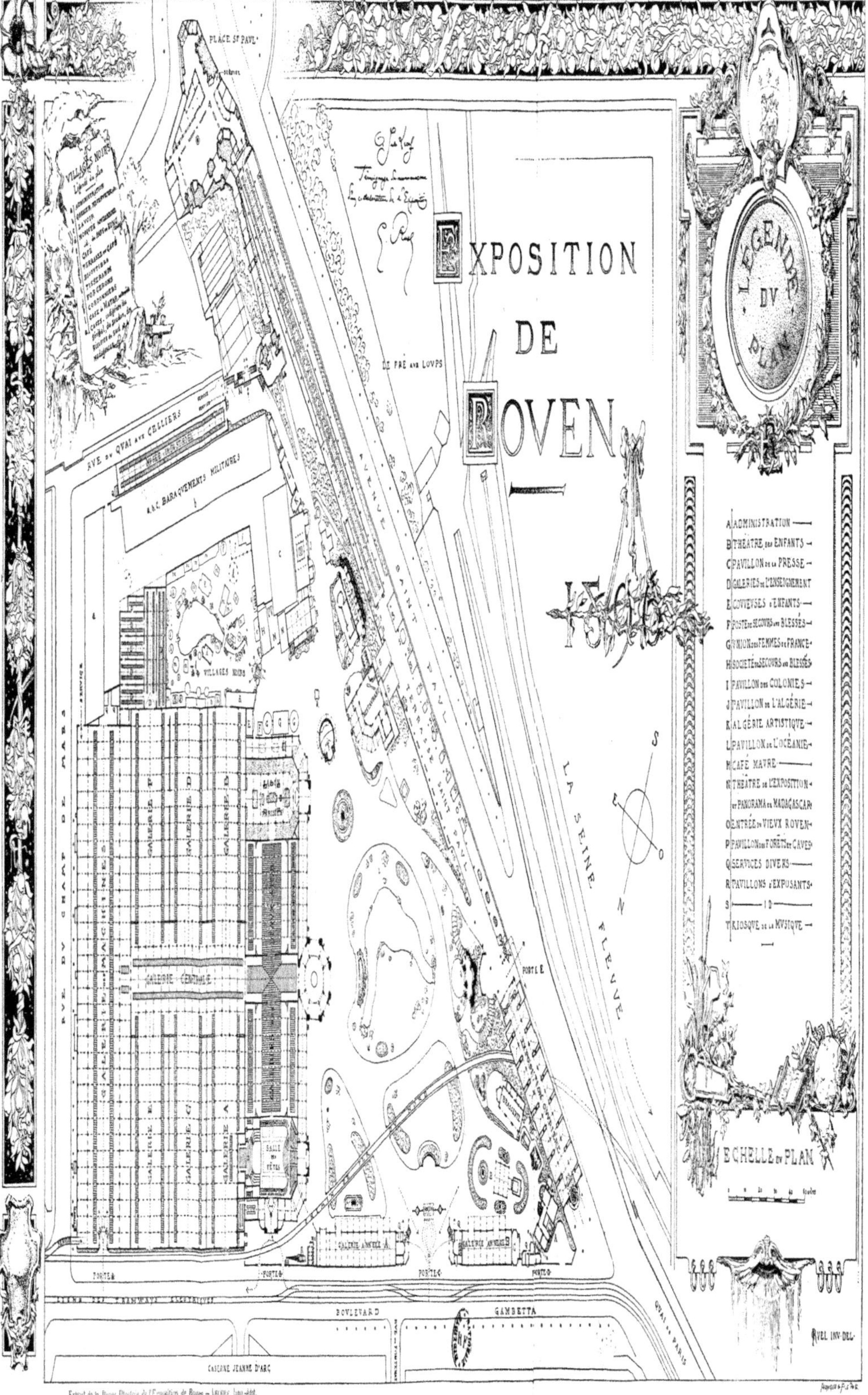

Extrait de la *Revue Illustrée de l'Exposition de Rouen* — Lecerf, Imp.-édit.

AVANT-PROPOS

Toute Exposition qui vient de finir a droit à une oraison funèbre qui prend le nom de « Rapport général ».

Il arrive souvent que les rapports restent à l'état de projets, projets longuement mûris et doucement caressés pendant la période d'action, abandonnés ensuite par fatigue, indifférence ou manque de temps.

Les Expositions sont des entreprises où tout se fait en hâte, avec une agitation qui rappelle les fourmilières que le passant a heurtées du pied. Pas de répit, le travail est fébrile et sans trêve ; le mouvement surexcite au point que les intérêts réels de la vie s'effacent devant le rêve poursuivi.

Quand tout est terminé, alors qu'il est possible de regarder avec calme en arrière et de peser les résultats obtenus, on est surpris de constater que l'œuvre éphémère a disparu sans laisser de traces, et que l'effort a produit seulement quelques jours de fête sans lendemain.

A quoi bon, alors, un effort nouveau pour raconter ce qu'on a vécu ? Ne vaut-il pas mieux retourner aux occupations ordinaires négligées pendant de longs mois ?

En fait, l'abstention est justifiée par l'indifférence générale. Ceux qui ont vu n'ont que faire d'un rapport ; ceux qui n'ont pas eu le désir de voir ont moins encore le désir de parcourir un compte-rendu forcément aride.

Le seul intérêt que présente un rapport est de faciliter quelque peu la tâche de ceux qui viendront et chercheront à soulever encore ce rocher de Sisyphe qu'est une Exposition.

Il se faut garder, d'ailleurs, d'illusions sur ce rôle de guide ; les nouveaux venus n'aiment pas à s'engager dans un chemin déjà parcouru : chacun a l'ambition, bien naturelle, de frayer une voie nouvelle. Mais, au bord de toutes les routes, il se trouve des écueils également dangereux ; nous croyons utile de signaler ceux que nous avons rencontrés, racontant avec sincérité comment nous avons pu éviter quelques-uns d'entre eux et pourquoi nous avons échoué sur d'autres.

Nous ferons une confession complète, ce qui n'est pas toujours agréable ; mais, de ce que nous ne chercherons pas à nous montrer meilleurs, il ne faudrait pas qu'on nous crût pires.

Au compte-rendu historique, nous avions rêvé d'ajouter une partie technique composée d'études faites par les Rapporteurs Généraux à la suite des opérations du Jury. Il eût été intéressant de présenter un « instantané », pris en 1896, à Rouen, de l'état de l'industrie et du commerce en France, et plus particulièrement en Normandie.

Des documents de cette nature recueillis dans les Expositions qui se succèdent en France permettraient de suivre le travail national, d'en constater les progrès et d'en noter les manifestations spéciales à chacune des régions.

Le rêve n'a pu être réalisé. En général, les Rapporteurs n'ont pas répondu à notre appel, et les difficultés qui ont marqué le règlement des comptes n'ont pas permis de publier les quelques études qui nous sont parvenues.

C'est avec regret que nous avons dû renoncer à cette partie du Rapport Général.

La simple relation des faits ne saurait donner qu'une idée superficielle d'une Exposition ; pour en faire connaître la nature intime, pour en mettre en relief la « personnalité », il eût fallu en étudier les éléments et, poussant plus loin, chercher à démêler les raisons d'intérêt personnel qui ont décidé les exposants à y prendre part.

E. G.

EXPOSITION DE ROUEN

1896

RAPPORT GÉNÉRAL

Le 30 mai 1894, les Présidents des Sociétés savantes et les Délégués de tous les Syndicats patronaux et ouvriers de Rouen, réunis à l'Hôtel-de-Ville, décidaient, sur la proposition de M. Hendlé, Préfet de la Seine-Inférieure, appuyée par M. Laurent, Maire, qu'une Exposition serait ouverte, à Rouen, en 1896.

Dans une seconde séance, le 11 juin, un Comité général était constitué[1] et déléguait à quelques-uns de ses membres, réunis en Conseil[2], tous pouvoirs pour préparer les projets de l'entreprise et en assurer l'exécution.

Dès le 16 juin, le Conseil supérieur de l'Exposition s'installait au Lloyd et se mettait à l'ouvrage. Depuis lors les séances se sont succédé régulièrement pendant trois années.

Nous croyons devoir adopter, pour présenter nos travaux, l'ordre chronologique. Le rapport y pourra perdre comme clarté, il gagnera en sincérité. En voici la raison.

1. Plus tard, en 1895, le Comité général fut complété par l'adjonction des personnes dévouées qui avaient cherché des souscripteurs au capital de garantie. Il finit par compter deux cent deux Membres.

2. A l'origine, le Conseil supérieur était composé de quinze Membres; par suite des démissions de MM. Charles Pinel et Louis Bessellèvre, il fut réduit à treize: MM. Knieder, Président de l'Exposition; Gaston Boulet et Maurice Keittinger, Vice-Présidents; Ernest Manchon, Trésorier; Ernest Deshayes, Secrétaire du Conseil; E. Garnier, Secrétaire Général; Edouard Delamare-Deboutteville, Emile Ferry, Fortier, Gaston Le Breton, Georges Leverdier, Auguste Pinel, H. Wallon.

Si, au début, les grandes lignes du projet ont pu être tracées avec méthode, plus tard les détails se sont multipliés et les questions se sont précipitées à la façon d'un troupeau de moutons qui se présente à une barrière.

Il en est de même de toutes les entreprises compliquées quand on doit les improviser et les mener vivement.

Pour en rendre la véritable physionomie il ne faut pas apporter dans le récit un ordre que les évènements ne comportent pas.

C'est donc en suivant la série de procès-verbaux qui résument ses délibérations, que nous exposerons, au jour le jour, les travaux du Conseil supérieur [1].

A l'ordre du jour de la première séance, le 16 juin 1894, figuraient deux questions primordiales : *Etendue à donner à l'Exposition ; Choix d'un emplacement.*

En juin 1894, l'Exposition *Universelle* de Lyon était dans tout son éclat,et la Société Philomathique lançait ses premières affiches pour annoncer qu'une Exposition *Internationale* s'ouvrirait à Bordeaux en 1895.

Il parut un peu risqué d'atteindre au sommet de l'échelle comme Lyon et Bordeaux ; modestement on s'en tint au degré immédiatement inférieur, et bien que la Normandie agricole, industrielle et commerçante, pût soutenir la comparaison avec les pays de la soie et du vin, il fut décidé que l'Exposition de 1896 serait simplement Nationale, ouverte aux seuls producteurs habitant les départements français, nos colonies et les pays de protectorat.

Pour bien marquer l'importance qu'il attachait aux envois de la France d'outre-mer, le Conseil résolut de mettre en vedette dans le programme le mot « Coloniale ».

Depuis quelques années les Colonies tiennent une large place dans les préoccupations nationales et internationales : perdues dans le lointain et vaguement entrevues du public, elles sont le sujet de discussions passionnées.

1. Les questions seront examinées dans l'ordre où elles se sont posées ; mais, pour éviter une complication inutile, nous exposerons chacune d'elles aussi complètement que possible, dès qu'elle se présentera, et sans tenir compte de son morcellement par séances.

Il n'est donc pas inutile, quand on le peut, de donner à l'opinion, comme éléments d'appréciation, des faits et des choses.

Il y avait de plus, pour Rouen, une certaine coquetterie à montrer aux visiteurs comment, des ruines d'une place maritime ancienne, un port nouveau et moderne s'est dégagé.

Où serait installée l'Exposition nationale et coloniale de Rouen?

Tous les emplacements possibles furent passés en revue. Après discussion, deux d'entre eux furent seuls retenus : le Cours-la-Reine et les prairies de Bapeaume.

Chacun d'eux avait ses partisans ; le Cours-la-Reine, avec les grands arbres qui l'ombragent, se prêterait mieux à la décoration ; les prairies de Bapeaume, qui s'étendent au loin, le long d'une berge accessible aux grands navires, permettrait de développer davantage l'Exposition.

Il ne put être pris de décision et la question fut soumise au Comité Général dans la séance du 18 juin.

Le Comité sut mettre tout le monde d'accord ; à une grande majorité il désigna le Champ-de-Mars, que le Conseil avait écarté.

Le Champ-de-Mars est en partie occupé par des bâtiments provisoires (installés depuis un demi-siècle), dont les toits, couverts en ardoises, coupent l'horizon d'une ligne monotone. Le reste est un désert étriqué.

L'emplacement était insuffisant ; pour l'agrandir il fallut escalader les talus et s'emparer de la contre-allée et de la place Saint-Paul. En même temps on tenta l'assaut des baraquements militaires. La lutte fut rude pour ouvrir une brèche ; moyennant une somme ronde de 36,000 francs, l'Exposition obtint enfin l'autorisation d'occuper une partie de la cour intérieure.

L'emplacement arrêté, deux nouvelles questions furent portées à l'ordre du jour : *Désignation d'un architecte ; Etude des moyens financiers propres à assurer l'entreprise.*

Pour le choix de l'architecte et du projet à adopter il fut décidé qu'un concours serait ouvert entre tous les architectes nés ou établis dans la Seine-Inférieure[1]. Le programme portait que les bâti-

1. Chaque projet devait être signé d'une simple devise reproduite sur une enveloppe cachetée renfermant le nom du concurrent. Les enveloppes accompagnant les projets primés ou mentionnés ont seules été ouvertes.

ments devaient occuper une surface de 20,000 mètres et qu'un crédit de 330,000 francs serait affecté à leur construction. Comme sanction du concours il était prévu trois prix en argent et des mentions. La question de savoir si l'auteur du premier projet primé serait chargé de l'exécution fut réservée, une décision ne pouvant être prise qu'une fois le jugement rendu et le lauréat connu.

Le délai imparti aux concurrents expirait le 15 octobre : le dernier projet fut déposé le soir à onze heures et demie ; aussi, le procès-verbal ne put être clos qu'après minuit (heure locale). Nous n'avions pas imaginé qu'un délai de trois mois et demi serait épuisé jusqu'à la dernière minute ; il eût été sage de fixer l'heure en même temps que la date. Nos successeurs feront bien de ne pas l'oublier s'ils tiennent à leur repos.

Le concours devait être soumis à un Jury composé de quinze Membres :

Quatre Architectes élus par les concurrents ;

Quatre Architectes désignés par le Conseil, et pris dans le Comité Général :

Sept Membres du Conseil Supérieur.

On assurait ainsi une influence prépondérante aux hommes de l'art, ce qui était une garantie pour les concurrents, et, cependant, les Membres du Comité responsable conservaient la majorité.

Les concurrents firent choix de MM. Vaudremer, Pascal, Bouvard et Raulin. Il n'est pas utile de souligner chacun de ces noms : ils sont portés par des maîtres dont la compétence, en matière d'architecture et d'exposition, est hors de pair. Tous ont répondu gracieusement à notre appel et nous ne saurions trop les remercier d'être venus à Rouen [1].

Treize concurrents s'étaient présentés ; le concours, jugé le 5 novembre, donna les résultats suivants :

1er Prix. — M. Ruel, Architecte, à Rouen ;

2e Prix. — M. Lequeux, Architecte, à Rouen ;

1. Le Jury était complété par MM. Barthélemy, Président de la *Société des Architectes de la Seine-Inférieure* ; Lefort, Architecte départemental ; Trintzius, Architecte de la Ville de Rouen ; Gogeard, Ingénieur-Voyer de la Ville de Rouen, désignés par le Conseil ; Knieder, Boulet, Manchon, Garnier, G. Le Breton, Auguste Pinel et Ed. Delamare-Deboutteville, Membres du Conseil supérieur.

3e Prix. — M. Chédanne, Architecte du Palais de Fontainebleau ;

1re Mention. — M. Cargill, Architecte, au Havre ;

2e Mention. — M. Lassire, Architecte, à Rouen.

Après le jugement, le public fut admis à visiter, du 7 au 12 novembre, les projets exposés au Palais des Consuls.

Nous n'avions eu garde de laisser partir les Architectes réunis pour juger le concours sans leur demander s'ils avaient des observations à présenter sur le projet de M. Ruel et sans les prier d'indiquer les modifications qu'ils jugeaient avantageux de lui apporter. M. Lefort, Architecte départemental, en donna le résumé dans une note en date du 10 novembre.

En général, les modifications se traduisaient par des augmentations de la dépense à engager. Le Conseil n'hésita pas à les accepter.

Quant à M. Ruel, définitivement chargé de l'exécution, il les accepta d'autant plus volontiers que la « gravité » reprochée à son projet provenait de l'insuffisance du crédit alloué.

Capital de Garantie. — Parallèlement, une Commission des Finances [1] étudiait, sous la présidence de M. E. Manchon, Trésorier de l'Exposition, les moyens de se procurer les capitaux nécessaires.

Le problème se présente sous un double aspect.

On peut tenter de réaliser immédiatement des fonds, ou bien se contenter de promesses de concours pour le cas où les recettes ne couvriraient pas les dépenses de l'entreprise ; dans ce cas, les engagements pris permettent de gager un emprunt.

En raison du proverbe : « un tiens vaut mieux..... », le premier système est séduisant. Malheureusement, le proverbe est trop répandu, et les solliciteurs ne sont pas seuls à le connaître.

Un appel immédiat des fonds offre d'ailleurs un autre inconvénient.

La recherche des capitaux est réellement le premier acte qui mette les organisateurs d'une entreprise en présence du public ; c'est une pierre de touche qui permet d'éprouver l'opinion.

Quand l'accueil est froid, l'homme d'action lui-même devient

1. Faisaient partie de la Commission : MM. Manchon, Bidault, Duval, Hain, Héduit, de Rothiacob.

hésitant; pour réussir il doit se croire soutenu et ne pas se sentir limité dans ses moyens.

Or, une Exposition qui se prépare semble toujours un château en Espagne ; si les bonnes volontés lui sont acquises on n'en saurait dire autant de l'argent. Bien entendu, il ne s'agit ici que des Expositions en province. Les Expositions universelles, à Paris, sont des entreprises nationales; elles ont l'appui de l'Etat, aussi leur avenir est assuré ; quand l'Etat, dispensateur de toutes choses, demande un concours, il est rare qu'il lui soit refusé.

La constitution d'un capital de garantie offre plus de chances de succès. Il en coûte moins de promettre que de donner, et d'ailleurs l'échéance, possible et non certaine, est si éloignée!..

Il parut donc sage à la Commission de ne pas essayer d'une émission de bons à lots : elle s'en tint au capital de garantie, système qui avait admirablement réussi à la précédente Exposition, en 1884. Le Conseil supérieur se rangea à cet avis.

Le 11 décembre, le Comité Général acceptait à l'unanimité le projet de M. Ruel modifié suivant les indications des Architectes Membres du Jury, et se prononçait à une très grande majorité pour la constitution du capital de garantie proposée par la Commission des Finances.

Le jour même la chasse aux souscripteurs fut organisée dans les divers cantons de la Ville, dans les environs, et à Elbeuf.

Des hommes de bonne volonté s'en furent, par deux, visitant les industriels et les commerçants de leur quartier.

Le 31 décembre 1894 les journaux de Rouen publiaient une première liste :

Subventions........... 105,000 fr.
Capital de garantie..... 328,200 fr. [1]

Depuis, sept autres listes parurent successivement ; la dernière, en date du 9 juillet 1895, portait le capital de garantie à 920,920 fr.

1. Nous n'avions prévu que les subventions et les souscriptions au capital de garantie; aussi notre embarras fut grand en recevant de la Chambre de Commerce du Tréport, sollicitée comme toutes les Chambres de Commerce de la région, l'expression de son « appui moral ». Faute d'une catégorie spéciale où ranger un pareil cadeau, il nous a été impossible, jusqu'ici, de témoigner publiquement notre reconnaissance à l'aimable souscripteur. Voilà qui est fait.

Les subventions s'élevaient à 130,000 francs [1].

Sans attendre le résultat de la souscription, dès le 21 décembre le Comptoir d'escompte de Rouen mettait à la disposition du Trésorier de l'Exposition les fonds nécessaires pour commencer les travaux.

D'une façon générale, pour les règlements de comptes, le mécanisme suivant fut adopté :

Les factures, vérifiées par les chefs de service et visées par le Secrétaire Général, devaient être remises au Trésorier, revêtues par le Président d'un « Bon à payer ». Une lettre, signée du Président et du Secrétaire Général, les accompagnait, demandant des chèques d'égale somme pour en solder le montant. Le Trésorier, seul, délivrait les chèques.

Toutefois, il fut admis que les menues dépenses seraient payées en espèces par une petite caisse dont les fonds étaient renouvelés à l'aide de chèques délivrés par le Trésorier sur le Comptoir de Rouen, au vu d'un bordereau détaillé, appuyé, autant que possible, de pièces justificatives.

A la fin de 1894, l'Exposition, assurée du lendemain, eut l'ambition de se mettre dans ses meubles. Après avoir reçu, pendant six mois, une gracieuse hospitalité au Lloyd, elle s'installa dans un bureau modeste, quai du Havre.

Le 1er janvier 1895, les passants pouvaient lire, sur la porte vitrée : « Exposition de Rouen—1896 ». A l'intérieur : deux tables, une armoire, un coffre-fort. Le coffre-fort est le véritable emblème de la seconde période, qui s'ouvre avec l'année 1895 [2].

Le jour même où le Conseil supérieur eut la certitude qu'il était appelé à écrire une ligne de l'histoire de Rouen, il comprit qu'il avait le devoir, travaillant dans l'intérêt général, de tenir à la disposition du public les renseignements récoltés en route. A l'unanimité, il fut décidé que tous les documents intéressants, sans en rien excepter, seraient versés plus tard aux Archives de la Ville ou du Département.

1. Ville de Rouen, 100,000 francs; Département, 20,000 francs; Chambre de Commerce, 5,000 francs; Société Industrielle, 5,000 francs.

2. Le 19 février 1895, le Conseil s'adjoignit un nouveau collaborateur : M. Ziérer fut nommé directeur de l'Exposition, avec mission de préparer les installations intérieures et de prendre la direction du personnel.

Exposition Ouvrière. — Les Chambres syndicales ouvrières de Rouen, pénétrées de ce principe « qu'il faut donner à tout citoyen, quel que soit son état de fortune, le moyen de faire connaître publiquement, aussi bien dans son intérêt personnel que dans l'intérêt général, le résultat de ses études, de ses efforts et de ses veilles[1] », avaient annoncé qu'elles organiseraient, pour 1895, une Exposition ouvrière.

Des amis communs s'entremirent pour amener un rapprochement entre les deux Comités. Il fut décidé que les deux Expositions auraient lieu conjointement, mais avec une autonomie absolue comme organisation et gestion financière, « l'une venant en quelque sorte compléter l'autre[2] ».

L'Exposition Ouvrière devait ainsi bénéficier d'une durée plus longue et d'une affluence plus considérable de visiteurs. Son Comité, déchargé en grande partie des frais de construction et de décoration, frais laissés à l'Exposition Nationale et Coloniale, pouvait promettre à ses adhérents, avec une fraternelle réception, une installation exempte de toutes charges.

Par contre, l'Exposition de Rouen était dès lors admise à solliciter le concours financier de l'Etat, accordé précédemment à Lyon et à Bordeaux.

Sur ce point, elle obtint satisfaction.

Une subvention de 40.000 francs fut votée par les Chambres, et versée tout entière dans la caisse de l'Exposition Ouvrière Nationale[3]. Notre Trésorier n'eut même pas la peine de la faire figurer à ses livres.

L'Exposition Nationale et Coloniale étant appelée à loger l'Exposition Ouvrière Nationale, il s'établit par la suite, entre les deux Comités, les relations de locataire à propriétaire.

Par la force des choses, le premier demande, le second refuse.

L'accord n'est parfait que si l'un des deux cède; le propriétaire a cédé sur tous les points : l'accord fut satisfaisant.

1. Cette pensée est exprimée dans un appel aux exposants, adressé, en mai 1895, par le Comité de l'Exposition Ouvrière Nationale de Rouen.

2. *Idem.*

3. L'Exposition Ouvrière Nationale avait reçu, en outre, à titre de subvention : 20,000 francs de la Ville de Rouen, 15,000 francs du Département de la Seine-Inférieure.

Adjudication des travaux. — Maintenant le principe du concours, déjà appliqué dans le choix d'un projet, le Conseil supérieur mit en adjudication les travaux de l'Exposition.

Toutefois, l'importance en était telle qu'il ne parut pas possible d'adresser un appel à tous les entrepreneurs. Le savoir-faire et l'honorabilité ne sauraient être pris seuls en considération dans les questions de cette nature. Les charges sont lourdes; on ne peut les confier qu'à des épaules éprouvées.

A l'exemple des Compagnies de chemins de fer, le Conseil supérieur décida de recourir à une adjudication restreinte entre quelques entrepreneurs de la région.

L'ouverture des plis cachetés eut lieu le 4 février, en présence des concurrents.

L'adjudication portait sur un ensemble de galeries prévues du type industriel, de façon que, l'Exposition terminée, le placement en fût facile. La surface à couvrir était d'environ 19,400 mètres.

Les bâtiments devaient être livrés en location et à forfait.

L'adjudicataire devait, en outre, exécuter les travaux nécessaires pour recueillir les eaux de pluie et les conduire à l'égout ou au ruisseau ; il devait également prendre à sa charge l'assurance des constructions et relever le Comité et les Exposants de leur responsabilité locative. Ces deux dernières clauses majoraient de 0 fr. 45 c. environ le prix de location par mètre couvert.

MM. Blanchet et Villette, sur une soumission commune, furent déclarés adjudicataires, au prix de 11 fr. 85 c. par mètre superficiel.

En 1884, la construction des galeries, en location et à forfait, avait été confiée à M. Villette, moyennant le prix de 11 francs le mètre[1].

L'écart (0 fr. 85 c. par mètre) est motivé par les raisons suivantes :

Charges nouvelles imposées pour l'écoulement des eaux et les assurances ;

Obligation de livrer un travail de charpente plus fini ;

Augmentation des droits de douane sur les bois.

1. M. Lebon : *Rapport aux Souscripteurs de l'Exposition nationale et régionale*. — En réalité, le prix de 11 francs a été dépassé ; il s'est élevé à près de 14 francs.

Aussitôt après l'adjudication, une lettre fut adressée à MM. Blanchet et Villette pour leur recommander d'employer, autant que possible, sur leurs chantiers, des ouvriers de la région. Question de solidarité entre compatriotes, et mesure d'*économie politique* : en cas d'insuccès, l'argent dépensé devait ainsi rester à Rouen.

La Presse. — Depuis la première réunion à l'Hôtel-de-Ville, les journaux de Rouen avaient toujours tenu leurs lecteurs au courant de tout ce qui se rapportait à l'Exposition ; au début, les documents étaient peu nombreux, mais parfois encombrants : telles les longues listes de souscripteurs au capital de garantie.

Le 5 mars 1895, le Conseil fut appelé à statuer sur une demande de M. E. Deshays, tendant à obtenir le monopole des communications et renseignements pour un journal à créer : « Rouen-Exposition », qui devait être à la fois le Bulletin Officiel et le Mémorial de l'Exposition de 1896.

En 1884, M. L. Deshays avait mené à bien, sous le même titre, une publication analogue ; l'autorisation fut accordée.

Quand parut l'annonce du « Rouen-Exposition », les journaux quotidiens manifestèrent quelque surprise, après s'être tenus gracieusement à la disposition du Comité, d'être brusquement mis à l'écart. Le Conseil n'avait pas cette intention.

Par Bulletin Officiel, il entendait un journal où tous les documents seraient reproduits intégralement, y compris ceux qui, en raison de leur caractère technique, ne sont intéressants que pour une catégorie restreinte de lecteurs. Comme par le passé, les communications devraient être faites à toute la Presse, sans exception.

Le Conseil, d'ailleurs, avait un intérêt évident à ce qu'il en fût ainsi. Les numéros du « Rouen-Exposition », dans les premiers mois, se succédaient à quelques semaines de distance, de façon irrégulière. Or, il pouvait arriver qu'il y eût besoin, dans l'intervalle, de porter sans retard quelque document à la connaissance du public ; le concours de la presse quotidienne était donc nécessaire.

En dehors de la partie officielle, la direction du « Rouen-Exposition » gardait son entière indépendance, et l'entreprise conservait un caractère privé [1].

1. A partir de mars 1896, M. Julien Lecerf fit paraître, par livraisons, une « Revue illustrée de l'Exposition de Rouen 1896 ». C'est une étude complète et très documentée que les illustrations rendent vivante.

A première vue, une organisation ainsi comprise paraissait suffisante pour permettre à l'Exposition de se présenter en bonne posture devant l'opinion.

En réalité, le mécanisme était imparfait ; il fonctionna avec effort, et non sans grincements. Nous en pouvons parler d'autant plus librement que les difficultés provenaient uniquement de divergences de vues, et qu'il ne s'y est jamais glissé de questions délicates à traiter.

Comme toute entreprise, une Exposition a besoin d'être soutenue ; elle est d'autant plus digne d'appui qu'elle poursuit un but d'intérêt général. D'ailleurs, là où la bonne foi est certaine et la bonne volonté évidente, les défenseurs ont la tâche facile, et leur concours ne peut être mal interprété.

Il ne faut pas seulement mettre en relief ce qui est bien, il faut encore éclairer ce qui paraît obscur au public ; il faut surtout atténuer, par des explications, les erreurs commises.

Dans tous les cas, les questions de personnes, toujours sujettes à controverses, doivent être écartées avec soin. Quoi qu'il arrive, les hommes s'en trouvent bien, et l'entreprise aussi.

Or, les journaux quotidiens, qui ont une tradition et une manière personnelles, sont mal préparés à ce rôle de défenseurs.

Leurs rédacteurs, absorbés par le lourd labeur de chaque jour, trouvent dans l'Exposition un surcroît de travail. Il faudrait qu'ils y pussent venir en amateurs, pour s'y reposer. Habitués à regarder autour d'eux, ils trouveraient, au cours de leurs flâneries, des sujets intéressants, de ceux qu'ils traitent par goût. De leurs promenades jailliraient des articles enlevés, comme il n'en a pas manqué en 1896, et qui sont une véritable bonne fortune pour une Exposition.

Mais, s'ils sont tenus de tout voir, le temps peut leur manquer pour approfondir.

D'ailleurs, il faut le dire, ils ne trouvent pas toujours, auprès d'un personnel indifférent ou surmené, les explications dont ils ont besoin, alors qu'ils sont harcelés par les plaignants, tenaces dans leurs récriminations.

Ainsi, ils ne peuvent se constituer en défenseurs, et le but est manqué. Pour y atteindre, il faudrait que les Expositions missent à la disposition de chaque journal un rédacteur de son choix, exclusivement chargé de l'Exposition. Celui-là aurait le loisir et les moyens de tout étudier en détail, et de chercher le pourquoi des choses. Mêlé au public, il en connaîtrait les désirs et pourrait, assez à temps, mettre le Comité en mesure d'y satisfaire. En relations avec le Comité, il expliquerait au public certains actes qui paraissent arbitraires ou irraisonnés, alors qu'ils sont imposés par les circonstances.

C'est une solution du problème; mais il en est d'autres.

L'Exposition de Bordeaux avait, en même temps qu'une Commission de la Presse, un journal à soi, inspiré et rédigé par les Membres de la Société Philomathique.

A Angers, la Presse locale s'était constituée en Comité pour patronner l'Exposition de 1895.

De ces solutions, laquelle est la meilleure? Elles peuvent être également bonnes : c'est affaire d'époque et de latitude.

Publicité au dehors. — Le rayon d'action de la Presse, en province, ne s'étend guère au delà des départements limitrophes.

L'Exposition devant être Nationale, il fallait la faire connaître plus loin et chercher, dans la France entière, des exposants et des visiteurs.

La propagande peut revêtir diverses formes, qui se ramènent toutes à deux types : intervention personnelle ou publicité collective.

Dans le premier cadre, se rangent les lettres et les circulaires qui sont signées et s'adressent à des personnes ou à des groupes déterminés.

La publicité collective, destinée au grand public, se fait à l'aide d'affiches, de prospectus, de timbres et d'articles de journaux.

Il paraît logique de commencer par l'action personnelle, seule efficace pour intéresser les étrangers à une entreprise encore à l'état de projet; la foule, en général, reste indifférente ou sceptique jusqu'au jour où les projets prennent un corps.

Les Membres du Comité général étaient nos premiers auxiliaires; il leur fut adjoint des spécialistes, chargés d'une double mission : recruter des exposants; procéder à l'organisation des groupes et des classes.

Dans le monde des affaires, les rapports sont faciles entre personnes qui exercent une même profession ; aussi, mieux que tous autres, industriels et commerçants peuvent provoquer des adhésions. S'ils s'adressent à d'anciennes relations, ils sont en droit de compter sur le désir qu'ont les correspondants de leur être personnellement agréables. S'ils procèdent par circulaires, la notoriété de leur nom inspire confiance et procure crédit à l'Exposition auprès de leurs confrères.

Le 9 avril 1895, le Conseil désigna, pour chacun des groupes établi à la classification[1], un président ; le 23, sur la proposition des présidents de groupe, les présidents de classe furent nommés, et, le 7 mai, dans une réunion à laquelle assistaient 11 présidents de groupe et 34 présidents de classe, la liste des membres des Commissions d'organisation fut dressée.

Elles comprenaient :

Groupe I. — L'Enseignement, 40 membres ;
Groupe II. — Les Arts libéraux, 44 membres ;
Groupe III. — Les Industries d'art, 36 membres ;
Groupe IV. — L'Habitation, 44 membres ;
Groupe V. — Le Vêtement, 40 membres ;
Groupe VI. — Le Ménage et l'Alimentation, 37 membres ;
Groupe VII. — Les Industries extractives, 30 membres ;
Groupe VIII. — La grande Construction mécanique, 18 membres ;
Groupe IX. — L'Electricité et le Gaz, 17 membres ;
Groupe X. — La Locomotion, 8 membres ;
Groupe XI. — L'Agriculture, 33 membres ;
Groupe XII. — La Navigation, 5 membres ;
Groupe XIII. — Les Colonies, 2 membres ;
Commission des Beaux-Arts, 4 membres ;
Commission musicale, 5 membres ;
Commission de Pisciculture, 9 membres.

Chacune des Commissions de classe avait son autonomie et se rattachait à ses voisines et au Conseil supérieur de l'Exposition par l'intermédiaire du président de groupe.

Aussitôt constituées, les Commissions se mirent à l'œuvre. De nombreuses circulaires furent rédigées à l'adresse des industriels et des commerçants ; il y était clairement démontré, à l'aide d'argu-

1. Voir page 36.

ments divers, que toute Exposition est une véritable bonne fortune pour le commerce et l'industrie, surtout quand elle doit se tenir en province, et particulièrement à Rouen, ce qui est vrai [1], du moins, en partie.

Les Expositions de Lyon et de Bordeaux ne s'étaient pas contentées des Comités régionaux; elles avaient créé de nombreux centres de propagande dans les grandes villes industrielles, à Paris notamment.

L'exemple était bon à suivre, en général; pour Paris, il s'impo-

1. Les Expositions, en province, forment une classe à part entre les Expositions universelles que Paris peut seul offrir à la curiosité des visiteurs et les Expositions professionnelles. Si elles n'atteignent pas à l'imposante grandeur des premières, elles ne sont pas exclusives comme les secondes.

Le visiteur qui veut s'instruire y rencontre tous les éléments d'étude, et mieux groupés. Dans un cadre de dimensions restreintes toutes les branches de l'activité humaine se trouvent représentées; les ensembles sont aisément perceptibles et les comparaisons faciles, ce qui permet d'arriver à une synthèse. En raison de leur étendue les Expositions universelles ne se prêtent guère qu'à l'analyse, la science de ceux qui savent déjà.

Dans les Expositions universelles, pour la masse des promeneurs, la personnalité des exposants disparaît, et la concurrence est seule, en général, à découvrir les vitrines intéressantes. En province les noms se détachent plus nettement; l'attention n'est pas émoussée par la répétition des objets de même nature alignés à l'infini.

De plus, les Expositions de province sont moins semées d'attractions; un étranger, en quelques heures, peut tout parcourir et tout voir sans se laisser distraire. Dans les Expositions universelles, quand on ne dispose pas de journées entières, il y a lutte entre la nécessité de nourrir l'esprit et le désir de l'amuser. Or, les attractions forcent l'attention; on les voit et on les entend de loin, ou bien, coquettement, elles se laissent deviner. D'ailleurs, ne sait-on pas que les choses sérieuses s'imposeront tôt ou tard, tandis que le plaisir s'échappe et fuit? Il est donc sage de le cueillir alors que son image sourit à l'imagination : demain il peut être trop tard. Rarement on remet au lendemain. C'est pourquoi la visite des Expositions universelles n'est pas toujours aussi pratiquement profitable qu'il est convenu de le laisser croire.

Enfin, comme les Expositions de province ont une personnalité qui tient du milieu où elles se développent, elles sont éminemment favorables aux affaires, car le contact est facile entre producteur et consommateur. Les Expositions universelles, au contraire, faites de mille personnalités, en imposent par le nombre et la variété des exposants, mais elles ressemblent aux salons où fréquentent des sociétés variées. Il y a foule et chacun, pour paraître, se pare avec coquetterie et luxe. La porte est consignée aux humbles, et les modestes s'en détournent par instinct. Dans un milieu disparate comme esprit et comme tendances, il faut que la conversation, pour rester générale, se contente d'effleurer tous les sujets sans en approfondir aucun. L'intimité n'est guère possible et les relations s'en ressentent. Mieux vaut un cercle restreint, moins brillant, mais en somme plus intéressant. C'est ce qui explique le succès des Expositions professionnelles et même particulières.

sait. L'abstention des exposants parisiens, dans le *Port de Paris*, eût été considérée comme un échec.

La Chambre de Commerce de Paris, pressentie, promit son concours, et, le 23 juillet 1895, la constitution d'un Comité parisien de propagande était décidée.

L'enfantement ne fut pas laborieux; des cadres se trouvaient tout préparés pour recevoir les membres, que leurs attaches avec la Normandie désignaient plus particulièrement pour faire partie du Comité de patronage de l'Exposition de Rouen.

Le 29 octobre 1895, le Comité était constitué [1]; le 19 décembre 1895, il se réunissait, pour la première fois, dans les salons du Grand-Hôtel, et, le 16 janvier 1896, le bureau était formé.

Son rôle ne se bornait pas à la propagande; il devait prendre en mains les intérêts d'une élite d'industriels qui ont pour habitude de se grouper dans les Expositions et de constituer, à l'aide des éléments dont chacun d'eux dispose, un ensemble véritablement artistique, connu en province sous le nom de Salon Parisien.

L'Exposition de Rouen avait, en réalité, forgé une arme délicate à manier; nous en trouvions tantôt la pointe et tantôt la poignée. Hâtons-nous d'ajouter qu'il n'en est pas résulté de blessures.

Le Comité Parisien sut bien jouer son double rôle; il amena des exposants et obtint pour sa collectivité des conditions vraiment avantageuses.

Il fut décidé qu'on affecterait aux industries d'art parisiennes un grand salon d'une superficie de 765 mètres carrés environ, en façade sur le jardin.

Louée dans des conditions normales, à des exposants non groupés, une pareille surface eût certainement procuré 15,000 francs de recette. Le Conseil ne put en obtenir plus de 6,000 francs, et encore, il fallut apporter au bâtiment diverses modifications destinées, soit à faciliter l'installation des exposants, soit à assurer, avec un luxe de précautions, la sécurité des objets exposés.

Il est certain que le Salon Parisien a été en grande faveur auprès du public et qu'il a obtenu un réel et légitime succès. C'était une

1. Il comprenait : six Présidents d'honneur; vingt-trois Membres d'honneur; cent cinquante-neuf Membres.

attraction incontestée, mais il est permis de se demander s'il n'eût pas été plus avantageux de tirer de la surface qu'il occupait un meilleur rendement au point de vue de la recette directe, de celle qui se peut chiffrer. Nous avons planté un arbuste d'agrément là où nous eussions pu mettre un arbre à fruits. Bosquet ou verger, ainsi se pose la question ; la réponse doit dépendre de l'espace disponible.

En dehors de Paris nous n'avions constitué de Comité de propagande qu'à Bordeaux[1]. Il avait semblé que les organisateurs de l'Exposition de 1895 pourraient procurer à l'Exposition de 1896 quelques adhérents, de ceux dont les désirs n'auraient pas été entièrement satisfaits là-bas.

Les résultats furent à peu près nuls.

Fort du patronage de la Chambre de Commerce de Paris, le Conseil adressa un appel à toutes les Chambres de Commerce de France et des Colonies. La mesure fut suivie de quelque effet : il nous parvint des réponses fort aimables[2].

Publicité collective. — Affiches. — Vers la fin de 1895, des affiches furent apposées un peu partout en France, pour annoncer l'Exposition de Rouen. Comme texte, elles étaient sobres : « *Exposition Nationale et Coloniale de Rouen* 1896. — *Ouverture le* 16 *mai.* — *Durée* 5 *mois.* ». Ces quelques mots étaient répartis dans le cadre d'un véritable tableau signé Baylac ; le tirage fut fait à 11,000 exemplaires, et les affiches placées, autant que possible, en conservation. Ce mode de publicité est incontestablement le meilleur ; il sollicite à la fois les exposants et les visiteurs. Son seul défaut est de peser sur le budget.

Plus tard, alors que l'Exposition venait d'ouvrir, de nouvelles affiches furent apposées, celles-ci toutes de texte : une sorte de memento de grandes dimensions dont les couleurs rouge et bleu devaient attirer l'attention.

1. Le Comité Bordelais comptait 46 Membres : Trois Présidents d'honneur, un Président, deux Vice-Présidents, un Secrétaire général, 39 Membres.

2. En dehors des Comités constitués il y avait, dans divers centres, des correspondants isolés, une douzaine, dont l'action ne paraît pas avoir été très efficace.

De son côté, la Ville faisait de la publicité : elle annonçait l'Exposition par une affiche spéciale donnant le programme de chacune des fêtes préparées à Rouen pour l'été 1896.

Timbres-Réclame. — Après avoir essayé des cartes-réclame répandues dans le public au nombre de 30,000, le Conseil, dans les premiers mois de 1896, adopta l'idée d'un timbre-réclame analogue à celui que l'Exposition de Genève avait mis en circulation, suivant en cela l'exemple de Berlin. Ce timbre, destiné à être collé au dos des enveloppes pour les fermer, fut tiré à 500,000 exemplaires et distribué gratuitement. La réclame, par ce moyen, n'est pas coûteuse; si chacun des timbres n'est vu que de quelques personnes, en revanche, aucun d'eux ne passe inaperçu [1].

Plus tard, vers le mois de mai, un petit almanach-memento des fêtes et festivals de l'Exposition fut mis en vente à Rouen. Ce mode de publicité n'avait pas une portée étendue; il est possible, cependant, qu'il ait attiré quelques abonnements.

Plus tard encore, à la fin de juillet, une propagande d'un genre spécial fut entreprise dans les stations balnéaires de la Côte normande, à l'aide de conférences soulignées par des projections. Des conditions avantageuses étaient offertes aux visiteurs qui obtenaient, à prix réduits, l'entrée à l'Exposition et aux principales attractions. Malheureusement, le mauvais temps n'a pas permis de juger de l'efficacité du procédé; les plages étaient peu fréquentées, et les rares baigneurs, engourdis par une pluie persistante, hésitaient à quitter leur toit.

Journaux. — Le 17 mars 1896, le Conseil décidait qu'une somme de 20,000 francs serait affectée à la publicité par les journaux de

1. La Société Philomathique de Bordeaux avait tenté d'obtenir, du Ministre du Commerce, l'autorisation de créer un timbre-poste spécial qui, par son effigie, servît de réclame à son Exposition de 1895.

L'Administration des Postes et Télégraphes devait en adopter le type et en faire le tirage, à un nombre déterminé, aux frais de la Société Philomathique chargée de la mise en circulation pendant un temps limité. La Société espérait d'ailleurs rentrer dans ses déboursés et même réaliser un bénéfice en raison de la plus-value que tout timbre-poste, tiré à un petit nombre d'exemplaires, acquiert auprès des philathélistes.

A l'étranger, les émissions de timbres-poste spéciaux sont fréquentes; pour en citer un exemple, il suffit de rappeler le timbre-poste commémoratif de la découverte de l'Amérique.

En France l'autorisation ne put être accordée.

Paris. Chacun de ceux qui avaient accepté le traité[1] devait publier au moins un article de fonds sur l'Exposition et, chaque semaine, un entrefilet de 15 lignes.

Assurances. — Chemin faisant, en examinant la responsabilité du Comité en cas d'incendie, le Conseil s'était heurté à une question d'assurances intéressante et qui mérite une mention.

Le Comité avait pour mission de réunir, dans des bâtiments appartenant aux entrepreneurs, des produits appartenant aux exposants.

Pour atteindre son but, il devait s'engager dans de lourdes dépenses personnelles : frais généraux, location, installation et décoration des bâtiments, création de jardins, gardiennage et surveillance, toutes dépenses qui se traduisent par des avances de fonds gagées sur les recettes futures, c'est-à-dire sur le succès de l'entreprise.

Or, le succès d'une Exposition ne dépend pas seulement de causes générales sur lesquelles l'*individu* n'a pas d'action : mauvais temps, crises politiques dans l'Etat, ou complications extérieures. Ces causes ont pour caractère commun, quand elles sont prévues, d'entrainer l'ajournement de tous projets sur lesquels elles peuvent avoir une influence ; il n'y a pas d'autre moyen d'en conjurer les effets.

Le succès dépend aussi de causes particulières, dont l'action est localisée, et qui doivent être prévues. La vie en fournit assez d'exemples pour qu'on ait pu les plier aux règles du calcul des probabilités. Elles ne sauraient former obstacle aux projets, mais il est sage de s'*assurer* contre leurs effets.

L'incendie est du nombre : qu'un sinistre vienne à détruire une grande partie des bâtiments, et l'Exposition peut être compromise. En admettant que le temps et l'argent ne manquent pas pour relever les ruines, il faut encore compter avec les exposants mis en déroute, avec les visiteurs éloignés pour un temps et qui désapprennent le chemin.

Le Comité, pour ses dépenses personnelles, courait donc des risques.

1. *Le Figaro, Le Petit Journal, Le Gaulois, Le Soleil, Le Temps, Le XIXe Siècle, Le Soir, Le Journal, Le Matin, Le Petit Parisien, La Libre Parole, L'Echo de Paris*, et 40 journaux de province.

Le capital de garantie était sa sauvegarde pour le cas où l'insuccès tiendrait à l'une des causes générales qui échappent aux prévisions.

Il jugea prudent de s'assurer contre le risque vulgaire d'un incendie.

En définitive, l'assurance d'une Exposition se présente sous la forme d'une assurance maritime qui s'applique :

1° Au navire : l'ensemble des bâtiments, propriété des entrepreneurs ;

2° A la cargaison : les produits exposés, propriété des exposants ;

3° Aux frais d'armement, aux loyers des gens de mer, au fret : dépenses incombant au Comité.

Du problème ainsi posé les données se dégagent nettement. Nous n'avons pas à nous occuper des bâtiments et des produits exposés : le contrat à passer est normal.

Il ne paraît pas davantage présenter de difficultés sérieuses pour les dépenses incombant au Comité.

La valeur à rembourser, en cas de sinistre, est, à un moment quelconque, l'excédent des dépenses sur les recettes.

L'assurance reçoit son effet du jour où les constructions sont livrées aux organisateurs ; elle prend fin quand les recettes équilibrent les dépenses, et, au plus tard, le jour de la clôture, puisqu'il n'y a plus alors de recettes nouvelles à espérer.

Le taux de la prime à payer est fixé d'après les mêmes règles qui ont servi à l'assurance des bâtiments, puisque c'est seulement par les bâtiments que l'Exposition est vulnérable.

Il n'y a donc rien d'imprévu, et le contrat peut être établi sur des bases bien déterminées.

La seule différence avec les contrats ordinaires est que la valeur à assurer change d'un jour à l'autre ; mais ces variations sont connues par les livres du Trésorier : il suffit de faire la balance.

Avant de pousser plus avant, le Conseil crut bon de s'enquérir des précédents. Des renseignements furent demandés de divers côtés et notamment à Lyon et à Bordeaux. La question était décidément nouvelle : elle n'avait jamais été examinée.

Mis en éveil, nos amis de la Gironde se hâtèrent, bien que leur Exposition fût à la moitié de son cours, de contracter une assurance avec une Société anglaise.

C'est à cette même porte qu'il nous fallut frapper.

Les Compagnies françaises s'étaient récusées, emprisonnées dans des statuts qui manquent d'élasticité.

Les Anglais sortirent la question du cadre officiel et légal où nous avions cherché à l'enfermer pour quémander une solution en France : elle fut notablement simplifiée.

Nous avions estimé que pour couvrir nos frais il fallait réaliser, sur les visiteurs, une recette journalière évaluée à 6,500 francs ; que pour le Vieux-Rouen, considéré à part comme une Exposition dans l'Exposition, la recette de chaque jour devait s'élever à 1,300 francs. La Compagnie anglaise d'assurances ne fit aucune difficulté à traiter sur ces bases et prit l'engagement de nous verser, pour chaque jour de chômage, les sommes ainsi déterminées, si, à la suite d'un incendie, l'Exposition tout entière ou le Vieux-Rouen seul venaient à être fermés.

C'était simple et net. De ce chef nous n'avons payé pour la prime et les frais accessoires que 12,656 fr. 60 c.

Plus tard, quand il s'agit d'assurer les tableaux et les statues des Beaux-Arts, aussi bien contre les accidents et le vol que contre l'incendie, c'est encore une Société anglaise qui offrit les conditions les plus avantageuses. La prime n'était que de 3,50 0/00, alors que les entrepreneurs payaient aux Compagnies françaises 10 0/00 pour les bâtiments !

Règlement. — Le premier devoir d'une Administration qui s'établit, avec pignon sur rue, est d'édicter un règlement ; il est indispensable de tresser des liens, flexibles ou résistants, mais toujours apparents.

Le règlement en usage doit remonter à la première Exposition ; depuis lors il se reproduit toujours le même. Les esprits aventureux se permettent parfois de changer un mot, mais les générations passent et le texte primitif subsiste.

La seule empreinte personnelle d'un Comité se trouve dans les prix des emplacements. Pour les établir, il faut tenir compte : des habitudes de la région, de la surface disponible, de l'affluence probable des exposants.

Nous donnons ci-après un résumé des conditions faites aux exposants : à Rouen, en 1884 ; à Lyon, en 1894 ; à Anvers (section française), en 1894; à Bordeaux, en 1895; à Rouen, en 1896. Ces éléments, ainsi groupés, pourront être utiles à nos successeurs.

ROUEN, 1884.

Dans les bâtiments :

Surfaces horizontales :	De 1 à 5 mètres carrés.	30 fr.
—	Chaque mètre carré en plus jusqu'à 10 mèt. car.	25
—	— en plus jusqu'à 50 mèt. car.	20
—	— en plus de 50 mètres carrés.	15
Surfaces murales :	50 0/0 des surfaces horizontales.	

En plein air :

50 0/0 des surfaces horizontales.

Les installations qui avaient moins de 1 mètre de profondeur étaient évaluées selon leur longueur multipliée par 1 mètre.

Les installations isolées ou d'angle étaient comptées comme ayant une surface égale au développement des parties vues multiplié par la profondeur, avec un minimum de 1 mètre.

LYON, 1894.

Dans les bâtiments (palais ou annexes closes et couvertes) :

Surfaces horizontales :	De 1 à 10 mètres carrés	50 fr.
—	En plus : Par 10 mètres carrés, le mètre. . . .	45
—	— Par 20 — —	40
—	— Par 30 — —	35
—	— Par 40 — —	30
—	— Par 50 — —	25
Surfaces murales :	Le mètre superficiel	10

En plein air :

Le mètre superficiel, sans qu'il puisse être établi d'abri.	6
— avec faculté d'élever des constructions.	15

Dans les bâtiments, la moyenne du prix du mètre, calculée sur l'ensemble de l'emplacement, ne pouvait jamais être inférieure à 30 francs.

Le mètre superficiel ne donnait droit qu'à 1 mètre de façade.

Pour les installations d'angle ou isolées, dans les galeries, le prix calculé d'après le tarif ordinaire était majoré d'un droit de circulation fixé à 50 francs par mètre linéaire, et appliqué à toute la longueur du périmètre accessible.

En plein air, le prix des emplacements qui couvraient plus de 100 mètres carrés subissait une réduction de 10 0/0 par fractions de 50 mètres carrés occupés en plus; le prix du mètre ne pouvait cependant tomber au-dessous de 5 ou de 10 francs, suivant la catégorie[1].

ANVERS (Section Française), 1894.

Dans le palais ou la galerie des Machines :

Le mètre de façade, si la profondeur ne dépasse pas un mètre.	40 fr.
Le mètre carré de surface, si la profondeur dépasse un mètre.	40
Surfaces murales au-dessus de 3 mètres, le mètre courant	10

En plein air :

Le mètre superficiel.	20
— — ou le mètre de façade sous les auvents annexés. . .	30

Pour les emplacements isolés, le mètre carré de surface horizontale était compté à raison de 80 francs; pour les installations, avec un ou deux retours, il était demandé en plus 10 francs par mètre courant de façade.

BORDEAUX, 1895.

Le droit de place était proportionnel à la surface occupée.

Dans le bâtiment principal, la surface horizontale se payait à raison de 50 francs du mètre, et la surface murale à raison de 30 francs.

Dans les constructions annexes, les prix étaient de 30 francs par mètre de surface horizontale, et 20 francs par mètre de surface murale.

En plein air, avec faculté d'élever des constructions, le prix était de 15 francs; il se réduisait à 6 francs s'il ne devait pas être établi d'abri.

1. Ces renseignements sont extraits d'une note qui nous a été remise par M. Claret.

ROUEN, 1896.

Dans le bâtiment principal :

Surfaces horizontales : De 1 à 10 mètres, le mètre superficiel	. . . . .	40 fr.
— Chaque mètre en plus : De 10 à 25 mètres	. .	35
— — — De 25 à 50 —	. .	30
— — — De 50 à 100 —	. .	25
— — — De 100 mètres	. . .	20
Surfaces murales : Le mètre superficiel, à partir du plancher et jusqu'à 2 mètres de hauteur	. . . .	30
— De 2 à 3 mètres	. . . .	20
— Au-dessus de 3 mètres	. . . .	10

Dans les galeries annexes :

Surfaces horizontales : De 1 à 20 mètres, le mètre superficiel	. . . . .	30 fr.
— Chaque mètre en plus : De 20 à 50 mètres	. .	25
— — — De 50 mètres	. . . .	20
Surfaces murales : Le mètre superficiel, à partir du sol et jusqu'à 2 mètres de hauteur	. . . .	25
— De 2 à 3 mètres	. . . .	15
— Au-dessus de 3 mètres	. . . .	5

Le minimum de surface concédé était de 1 mètre par exposant [1]. Le mètre superficiel ne donnait droit qu'à 1 mètre de façade, et les installations qui avaient moins de 1 mètre de profondeur étaient évaluées d'après leur longueur multipliée par 1 mètre.

Les exposants locataires d'un emplacement horizontal voisin d'une cloison pouvaient profiter de la surface murale et l'utiliser jusqu'à une hauteur de 3 mètres, sans augmentation de prix. Au-dessus de 3 mètres, la surface était considérée comme libre ; mais, pour l'occupation, le locataire du bas avait un droit de préférence.

Pour les emplacements de choix, accessibles sur deux, trois ou quatre faces, les prix du tarif étaient majorés :

1. Il fut fait une exception, cependant, en faveur des vins, liqueurs et huiles en bouteilles, ainsi que des produits pharmaceutiques. Il est possible, en effet, de faire, dans un emplacement restreint, une exposition sérieuse de ces produits. Il fut admis qu'un exposant pourrait n'occuper qu'un sixième de mètre, payé 7 francs si l'installation avait lieu sur des gradins construits par l'Administration. Dans le cas où les exposants fournissaient eux-mêmes leur table ou leur vitrine, ils étaient solidairement responsables du prix de la surface concédée au groupe.

De 50 0/0 pour deux côtés, de 75 0/0 pour trois côtés, de 100 0/0 quand l'isolement était complet.

Le règlement portait : « Cette majoration ne s'applique pas aux machines et outils placés dans la galeries des machines. »

En inscrivant cette clause, nous avions en vue les passages de service qu'il pouvait être utile d'ouvrir entre deux allées principales, passages interdits au public et qui ne donnaient, par conséquent, aucun avantage aux installations voisines. Mais la rédaction était mal venue, et les exposants, s'appuyant sur le règlement, purent avec raison refuser de payer un prix plus élevé pour les emplacements de choix accessibles sur deux ou trois faces.

Les dimensions des jardins étant restreintes, il fut décidé qu'il ne serait pas établi de tarif pouvant engager le Comité. Chacune des demandes devait être examinée, et les conditions d'installation, avec ou sans constructions, traitées de gré à gré.

Les exposants de certaines classes devaient être admis gratuitement.

C'est un usage constant pour l'Economie sociale, l'Enseignement et, en général, toutes les Expositions qui n'ont pas un but commercial, mais une tendance purement philanthropique.

Il est de bonne politique de traiter sur le même pied les artistes, encore qu'ils soient un peu moins désintéressés, mais ils apportent un élément d'attraction incontestable.

Par nécessité, on range encore avec les privilégiés certaines Expositions de large envergure qui ne sont pas toujours remarquables, mais dont l'absence serait remarquée.

Enfin, par humanité, on reçoit gratuitement quelques exposants, en général des inventeurs peu fortunés mais riches d'illusions, qui se croient appelés à révolutionner le monde.

L'Exposition de 1896 connut toutes ces catégories [1].

L'Economie sociale et l'Enseignement y formaient quatre classes.

1. L'Exposition a cru devoir accueillir aussi, en lui facilitant l'entrée de ses galeries, l'*Encyclopédie animée de l'agriculture et de l'industrie françaises*, de M. Dorangeon.

La tentative de M. Dorangeon était intéressante : créer un musée animé des arts et métiers et de l'agriculture, dont chaque section fût une petite usine ou un champ d'expérience minuscule; montrer comment les machines travaillent; expliquer, sur des modèles en réduction, le rôle de chacun de leurs organes; faire une exposition des

Pour l'Enseignement, non-seulement les exposants étaient admis gratuitement, mais les casiers et les vitrines étaient installés aux frais de l'Exposition.

Les éditeurs des ouvrages classiques bénéficiaient, eux aussi, de la gratuité pour l'emplacement, et cependant... ; l'installation restait à leur charge.

Les classes de l'Enseignement étaient donc onéreuses ; toutefois, le Conseil Général alloua une subvention spéciale et les organisateurs firent leur possible pour réduire au minimum les frais du Comité.

L'Etat, de son côté, demanda et obtint la gratuité pour une Exposition des Colonies. Bien qu'un crédit de 20,000 francs eût été voté par les Chambres, il nous fallut élever un pavillon spécial.

Le Gouvernement de l'Algérie, jugeant l'exemple bon à suivre, fit une demande analogue ; à côté du Pavillon des Colonies fut placé le Pavillon de l'Algérie, tous deux construits aux frais de l'Exposition. Cependant un droit put être perçu sur la dégustation des vins d'Algérie qui obtinrent un véritable succès, à en juger par un extrait de l'ouvrage intitulé : *Le Service des Renseignements généraux du Gouvernement de l'Algérie*[1]. « Un autre moyen de publicité dont use le service consiste dans la participation

produits obtenus, à leurs différentes phases de fabrication, et prêts à être livrés au commerce.

Il y a là tout un programme de leçons de choses destinées à démontrer à la jeunesse combien vaste est le champ à exploiter dans l'agriculture et l'industrie, à lui faire comprendre que non-seulement les hommes instruits peuvent, sans déroger, s'y attacher, mais que, pour le cultiver avec fruit, il faut des hommes instruits.

L'Exposition de Rouen était la première étape marquée par M. Dorangeon. Son musée, de plus en plus complet, devait, en parcourant les villes industrielles du Nord, gagner l'Exposition de 1900. Plus tard il retournerait, disloqué en sections, dans les grands centres, et les différentes séries, permutant entre elles, feraient leur tour de France.

Le projet était séduisant ; le succès, en 1896, n'a pas répondu à l'attente de son auteur. Ce n'est pas faute d'avoir trouvé, en Normandie, des concours précieux, mais les éléments d'une recette journalière manquaient pour faire face aux dépenses de chaque jour.

Quoi qu'il en soit, et toutes réserves faites sur la partie financière du projet, la tentative mérite d'être signalée.

1. Paris, Imprimerie Noisette, 1897.

de l'Algérie aux Concours généraux agricoles de Paris et aux grandes Expositions nationales ou étrangères. » ..... « Pour ne parler que des deux dernières Expositions, celles de Rouen et de Bruxelles, le directeur du service a poursuivi avec un succès éclatant la réhabilitation des vins d'Algérie dans le nord-ouest de la France et en Belgique. »

« A Rouen plus de 120,000 visiteurs ont pu juger de la valeur de ces vins... » Ils en ont jugé à leurs frais, bien entendu.

Devant un résultat aussi pratique, il semble qu'il n'eût pas été indiscret de demander à l'Algérie une participation plus large dans les dépenses faites à son seul profit.

Droit d'inscription. — Une innovation ingénieuse, de date assez récente, permet d'augmenter légèrement le prix des places. On demande aux exposants un droit d'inscription; il était de 25 francs à Lyon, de 20 francs à Bordeaux. C'est à ce chiffre que nous nous sommes arrêtés. 20 francs, c'est peu de chose, une sorte de denier à Dieu qui sort facilement de la poche en échange du certificat d'admission.

Le droit d'inscription établit un premier lien de fait entre l'Exposition et ses adhérents; si ténu que soit ce lien, il suffit souvent à fixer les irrésolus, ceux qui continuent parce qu'ils ont commencé [1].

Constitution en Société. — Notre règlement, comme ceux qui lui ont servi de bases, a laissé dans l'ombre deux points fort importants : la constitution des organisateurs en Société et l'attribution de juridiction.

Si l'Exposition n'est pas l'œuvre d'une Municipalité ou d'une Compagnie ayant une existence légale, comme la Société Philomathique de Bordeaux, les organisateurs sont fort embarrassés pour se constituer.

La question est agitée dès le début de l'entreprise; elle se hérisse de difficultés, et l'on se résout à ne rien faire. A cela, il y a une excuse : les inconvénients d'une situation mal définie n'apparaissent pas clairement dès l'abord, et les hommes de bonne volonté et de bonne foi, qui travaillent dans l'intérêt général, sont enclins, par

1. Le droit d'inscription, quand il n'était pas versé directement, était recouvré par la poste au domicile des exposants. Les exposants admis gratuitement en étaient exemptés.

une erreur assez commune, à compter sur la bonne foi et la bonne volonté de tous ceux avec qui ils doivent entrer en rapports.

A vrai dire, ils ne se trompent pas entièrement; avec la grande majorité des exposants, il n'y a pas de difficultés, à peine des tiraillements.

Mais il y a les autres. La succession régulière des Expositions a, depuis quelques années, fait naître une catégorie d'exposants spéciaux, qui ne sont que des commerçants. En cela, ils sont de leur temps; les Expositions ont une tendance marquée à se transformer en fêtes ou en foires, suivant le goût de la foule, plus disposée à s'amuser qu'à s'instruire.

En commerçants avisés, ces exposants estiment qu'il n'est pas de petits profits, et, trop souvent, cherchent à s'affranchir des redevances, droits de place ou de vente, que toute Exposition est tenue de réclamer aux occupants pour couvrir en partie les frais de construction et de décoration.

Au début, tout est parfait, et si les paiements tardent, c'est que les affaires sont encore peu nombreuses et difficiles; mais le public connaîtra bien vite le chemin de l'Exposition. Les semaines passent; décidément, la redevance est trop élevée, et, d'ailleurs, le succès ne répond pas à l'attente. On discute encore le jour de la clôture, et les malins qui n'ont rien payé tentent de s'esquiver de la façon dite à l'anglaise.

Si on veut les arrêter, ils ont recours aux tribunaux. C'est un droit : ils savent en user.

Tout d'abord, ils cherchent à porter l'affaire au loin, au siège de leur résidence, et parfois, grâce à la complicité du règlement incomplet, ils réussissent. Là-bas, les juges connaissent à peine l'Exposition, ils en ignorent le but et les moyens.

L'avocat de l'exposant, après avoir démontré que son client est molesté par une Compagnie qui n'a pas même d'existence légale, s'apitoye sur le sort d'un petit commerçant [1] auquel il est réclamé, pour quelques semaines d'installation dans un désert, une redevance énorme.

1. Pour être petit commerçant, il suffit de se fixer dans une petite commune où les droits fixe et proportionnel de la patente sont peu élevés. L'élection de domicile n'a d'ailleurs aucune action sur les affaires qui se font partout ailleurs.

La réponse est aisée : en signant son adhésion, l'exposant a pris des engagements envers quelqu'un ; il a certainement reçu l'hospitalité quelque part ; il a donc, de sa pleine volonté, contracté une dette qu'il s'est engagé à acquitter.

Comme, d'ailleurs, la redevance est égale pour tous les commerçants d'une même catégorie, en refuser le paiement c'est condamner les concurrents qui ont fait honneur à leur signature à une infériorité réelle.

A distance, ces raisons, pour bonnes qu'elles soient, semblent perdre de leur valeur.

Le recours aux tribunaux est, à un autre point de vue, une tactique habile.

Les procès s'entament vers la fin de l'Exposition, alors que la lutte n'est plus égale.

Fatigués d'une campagne longue, énervante et sans trêve, les organisateurs aspirent au repos. Groupés pour une entreprise commune, ils ont hâte, leur tâche terminée, de rentrer dans le rang. Sur le succès final, les affaires de détail encore pendantes ne sauraient avoir aucune influence ; à quoi bon, alors, les longs procès ?

Les exposants connaissent cet état d'esprit et savent qu'il leur suffit d'être patients pour user la résistance. « En attendant la prochaine Exposition, a dit l'un d'eux, la procédure occupera les loisirs de mon hiver. » Le plus souvent, ceux qui n'ont pas payé arrivent ainsi à obtenir des transactions avantageuses [1].

L'exposant récalcitrant suffirait à démontrer la nécessité de se constituer en Société ; il est d'autres raisons encore.

Par vice de constitution, les questions les plus naturelles peuvent

1. Parfois, cependant, ils se trompent.

La campagne de résistance aux règlements doit être conduite avec calme et sang-froid : les inertes réussissent là ou les agressifs et les bilieux échouent.

L'agression provoque l'exaspération et l'entêtement.

L'Exposition de 1896 en fournit une preuve. L'un des exposants a usé, contre nous, de toutes les armes procès, pétitions, libelles. Condamné par le Tribunal de Commerce, débouté en appel, il a refusé de se soumettre et d'accepter une transaction. Au lieu de passer sa créance par profits et pertes, le Comité a décidé de la garantir par une hypothèque et d'en faire don à une œuvre de bienfaisance, institution vivace et âpre avec raison, puisqu'elle défend le patrimoine des pauvres.

devenir compliquées. En voici un exemple : il s'agit des water-closets.

Quand le Comité voulut faire les installations de salubrité nécessaires, la Compagnie concessionnaire des chalets de la ville intervint et prétendit qu'elle seule avait le droit d'exploiter à Rouen ce genre d'industrie. Il fallut batailler pour prouver que le Champs-de-Mars, mis à la disposition du Comité, et enclos de toutes parts, n'était plus une place publique dépendant de la ville. La chose fût allée de soi si le Comité avait eu nettement qualité pour devenir locataire.

Une autre raison encore, un détail. Les exposants de vins et d'alcools, dont les produits sont admis sous le régime de l'entrepôt réel d'octroi et de douane[1], sont tenus de fournir une caution. L'Administration, pour plus de facilités, demandait la signature de l'un des Membres du Conseil. Bien que l'engagement ne parût pas entraîner une lourde responsabilité, il n'en était pas moins pris. Si la caution avait été recherchée, ce n'est pas en raison de ses fonctions dans une Société qui n'existait pas en droit, mais personnellement, que le signataire eût été inquiété.

Mais, de toutes les raisons à mettre en relief, la plus sérieuse est assurément le manque d'autorité ; en réalité on n'est pas maître chez soi, on ne peut même pas soutenir qu'on est chez soi. Les armes légales pour se défendre font défaut ; il est impossible d'agir vivement quand les circonstances l'exigeraient, et cependant les responsabilités encourues peuvent être graves [2].

A côté des avantages il faut signaler les inconvénients de la constitution en Société.

Une Exposition comme celle de Rouen n'est pas une entreprise commerciale montée dans le but de réaliser un bénéfice. Le seul objectif est de faire bien, sans qu'il en coûte rien à ceux qui ont prêté un concours désintéressé pour rendre l'entreprise possible. Se constituer en Société, c'est exposer les organisateurs, qui deviennent en fait des administrateurs, à encourir, en dehors de la responsabilité morale, de lourdes responsabilités pécuniaires. Les plus auda-

1. Consulter sur ce point, pour renseignements officiels : la lettre commune du 7 juillet 1860 ; la circulaire 535 du 28 décembre 1888 ; la circulaire 233 du 4 avril 1878.

2. Incendie du bazar de la Charité ; mise en cause de M. de Mackau.

cieux peuvent reculer : ils n'ont rien à gagner et tout à perdre ; le temps leur est strictement mesuré, et ils savent que, contre toute expérience et toute activité, le succès dépend du vent qui souffle ou de l'idée qui passe.

Malgré tout, il semble que la constitution en Société soit préférable à une situation mal définie qui ne peut assurer l'autorité, contre-poids obligé de la responsabilité.

La meilleure des Sociétés serait assurément une Société existant depuis longtemps et destinée à survivre à l'Exposition. Dans les cadres tout constitués et de valeur connue, on choisirait les hommes pour assigner à chacun le poste qui convient à son tempérament et à ses aptitudes. L'entreprise pourrait être préparée longtemps à l'avance, et les diverses phases en seraient suivies avec un égal intérêt. Les règlements, approuvés par l'autorité supérieure, auraient en quelque sorte force de loi, et force resterait à la loi.

Enfin, dans un tout autre ordre d'idées, l'Exposition étant l'œuvre d'une Compagnie, tous les membres seraient également intéressés à un succès dont chacun saurait prendre sa part. Elle compterait ainsi des défenseurs nombreux, quel que soit son sort, tandis qu'il n'est pas prouvé qu'une entreprise, même d'intérêt général, si elle reste entre quelques mains, trouve un appui aussi étendu. Elle a à lutter contre l'indifférence, une attitude commode, et qui devient facilement méritoire si on la qualifie de sage réserve. La lutte peut être plus pénible encore, car on cite des cas où les hommes entreprenants n'ont pas seulement rencontré l'indifférence sur leurs pas.

Classification. — Le règlement se complète par une classification des produits à exposer.

Dans un rapport adressé au Ministre du Commerce, M. Picard, Commissaire général de l'Exposition de 1900, passe en revue les classifications adoptées pour les Expositions précédentes : Paris, 1855-1867-1878-1889 ; Vienne, 1873 ; Philadelphie, 1876 ; Chicago, 1893. Après examen, il conclut qu'en s'inspirant des précédents, il y a lieu de faire autre chose.

Dans un domaine beaucoup plus modeste, nous sommes arrivés de suite à la même conclusion, en esquivant une étude longue et qui doit être monotone.

Il y a lieu de distinguer entre la classification et le rangement.

L'idée d'une classification est née de la nécessité de comparer entre eux les produits exposés et de leur attribuer une cote commerciale. Un jury est appelé à décider. Pour qu'il soit compétent, il faut lui soumettre seulement des objets ayant une même origine ou destinés au même usage ; pour qu'il puisse tout examiner avec soin, il faut restreindre son champ d'études et le spécialiser d'autant plus que les exposants sont plus nombreux. De là la division par groupes et la subdivision en classes et parfois en sections.

Le rangement procède d'une tout autre idée : il a pour but de donner satisfaction aux exposants et aux visiteurs. L'ambition des exposants est de paraître; le désir des visiteurs est de satisfaire une curiosité plus ou moins éclairée : ils regardent, mais il est sage de les aider à voir. Le plus souvent il suffit de rapprocher les produits qui ont entre eux un lien bien apparent ou de réaliser des ensembles aisément perceptibles. On arrive ainsi à fixer l'attention, soit parce qu'il se trouve dans l'enchaînement quelque partie familière qui explique ce qui précède et ce qui suit, soit parce que la compréhension facile d'un groupement inspire le désir d'étudier les détails qui le composent. C'est pourquoi dans toutes les Expositions, grandes ou petites, le rangement s'établit à peu près de même.

Il n'en est pas ainsi de la classification.

S'il est possible dans les Expositions universelles, à Paris, à Vienne, à Chicago, d'adopter une même méthode dérivée de l'expérience commune, il faut, en province, s'inspirer des circonstances locales, conserver un esprit de clocher ou, tout au moins, l'accent du terroir. Les industries de la région, ses productions, son commerce, doivent être mis en vedette; il arrivera qu'une spécialité largement représentée forme une *classe* à elle seule, tandis que d'autres branches, peu favorisées comme exposants, seront réunies en un *groupe* pour éviter un émiettement inutile et, par suite, ridicule.

C'est dans cette voie que nous nous sommes avancés, sans trop nous enquérir des chemins déjà parcourus.

Les grandes lignes du programme ont été tracées en prenant pour bases les besoins de l'homme dans sa lutte pour l'existence.

L'Enseignement, les Arts libéraux, les Industries d'art, les Beaux-Arts forment autant de groupes qui répondent au développement et aux aspirations de l'être intellectuel et sociable.

L'HABITATION, le VÊTEMENT et le MÉNAGE sont les grandes divisions où se rangent les nécessités de la vie journalière.

Les INDUSTRIES EXTRACTIVES, la GRANDE CONSTRUCTION MÉCANIQUE, l'ELECTRICITÉ ET LE GAZ résument les efforts de l'activité humaine pour améliorer la vie matérielle.

La LOCOMOTION groupe les moyens employés pour rendre les relations faciles et rapides.

Dans le groupe de l'AGRICULTURE, on trouve, à côté des procédés et des instruments de culture, les produits que l'homme peut obtenir de la terre qu'il habite

Enfin, la NAVIGATION et les COLONIES montrent comment s'établissent les relations avec les pays lointains et quels avantages réciproques elles procurent.

Ces grandes lignes, plus ou moins brisées, figurent dans toute classification.

L'accent de la province normande s'est fait sentir surtout dans les subdivisions du groupe le VÊTEMENT, où le *Coton*, la *Laine*, les *Etoffes imprimées et teintes*, formaient autant de classes distinctes.

De plus, bien que l'Exposition eût été tout d'abord limitée aux seuls producteurs français, il fut décidé, en raison de la place que les industries textiles tiennent dans la région, que les machines de fabrication étrangère destinées au travail des fils et étoffes de coton et de laine seraient admises dans une section spéciale.

ATTRACTIONS. — En même temps qu'il établissait le canevas de l'Exposition, le Conseil s'occupait du remplissage, tissu et broderies.

« Il faut faire gai, » a dit Alphand ; la recommandation vient d'un homme avisé et qui connaissait à fond la question.

Les attractions qui ont pour but d'allumer la gaieté sont, à proprement parler, des annexes en dehors des cadres tracés ; une Exposition très complète et très intéressante peut en être complètement dépourvue.

Il en est de natures diverses, comme il y a des enfants de tout âge; mais toutes ont un point commun : invariablement, les promoteurs les présentent comme le *clou* de l'Exposition.

Elles se classent, d'ailleurs, en deux catégories : celles qui instruisent en amusant, et celles qui amusent sans prétention.

Parmi les premières, il en est deux qui sont assurées du succès : la reconstitution d'une vieille cité, l'exhibition de peuplades exotiques. Toutes deux répondent à un même sentiment de curiosité : l'homme aime à *s'extérioriser* dans le temps et dans l'espace. Il peut le faire par la lecture, mais les livres demandent un effort d'imagination ; d'ailleurs, tout le monde ne lit pas, et les illettrés ne sont pas les moins friands de sensations nouvelles perçues sans fatigue et par contact direct. L'Exposition de 1889, à Paris, avait trouvé la formule, qui fut dès lors exploitée.

Les restitutions du passé et les exhibitions d'outre-mer sont des entreprises importantes qui exigent du temps et des capitaux. L'étude en est longue ; il ne faut pas tarder à les porter à l'ordre du jour.

VIEUX-ROUEN. — Dès sa première séance, le Conseil fut saisi d'une proposition de M. Adeline, qui offrait de reconstituer un quartier du Vieux-Rouen. L'idée était séduisante. La ville de Rouen est riche en monuments anciens; à les contempler, on ne ressent pas seulement l'impression profonde qui jaillit de tout ce qui est beau et véritablement grand, on éprouve encore un sentiment de curiosité mêlée de respect. A l'ombre des colosses de pierre, épargnés par le temps, les générations se sont usées ; les monuments dont elles se faisaient gloire ont été les témoins de leur vie, et la pensée cherche à embrasser, à la fois, ce qui existe encore et ce qui n'est plus.

Les restitutions gagnent à se présenter dans leur cadre naturel. On conçoit mal, par exemple, le Vieux-Rouen transporté à Bordeaux ou à Marseille ; il lui manquerait le voisinage des tours et des clochers de la ville, dont la silhouette découpée sur l'horizon donne au staff de l'Exposition un caractère de réalité vivante.

Il n'est pas à craindre, d'ailleurs, que les hôtels et les humbles maisons, vestiges du passé disséminés par la ville, fassent tort à la restitution; il leur manque le groupement. Ce sont plutôt des points de comparaison utiles pour prouver au visiteur qu'il a reçu une impression vraie.

L'idée de M. Adeline était séduisante; mais, avant de l'adopter, nous devions examiner la question d'emplacement et le gros problème du budget.

L'auteur attendit son heure et sut la préparer.

Une charmante maquette fut exécutée, qui représentait la place de la Cathédrale au XVIe siècle. La Presse rendit justice au travail consciencieux et savant d'un véritable artiste, l'opinion publique suivit, et le Vieux-Rouen fut considéré comme le clou de l'Exposition de 1896, avant même que sa réalisation eût été reconnue possible.

Ce n'est qu'en juillet 1895 que M. Adeline fut appelé à développer son plan en séance du Conseil. A ce moment, la question d'emplacement était résolue, et le principe d'une loterie admis.

Le budget primitif avait été établi dans la seule prévision d'une Exposition industrielle; la loterie devait permettre d'y faire une large place aux Arts.

Le Vieux-Rouen rentrant dans ce cadre, M. Adeline fut prié d'étudier un projet définitif.

Un second projet du même genre fut alors mis en avant.

L'auteur[1] proposait, comme quartier à reconstituer, la place du Vieux-Marché, à l'époque du supplice de la Pucelle, dont la grande figure domine l'histoire de Rouen. L'intérêt se fût accru de tout le prestige que donne aux choses le souvenir des faits précis qui s'y rattachent. De plus, dans les constructions, devaient être exposés les objets qui rappellent l'héroïne, les œuvres d'art inspirées par elle, embryon du Musée Jeanne d'Arc que la Ville de Rouen possèdera tôt ou tard. La conception était intéressante, indépendamment même de toute réalisation; mais le temps manquait pour faire les recherches nécessaires : l'idée fut abandonnée.

Le 5 novembre, M. Adeline apportait au Conseil ses plans définitifs et des projets de marchés à forfait avec divers entrepreneurs, pour la charpente, pour la sculpture et le staff, pour la peinture et la tapisserie, pour la ferronnerie et l'ameublement.

Le tout fut adopté. Quelques jours plus tard les ouvriers se mettaient au travail.

Exposition ethnographique. — Les premières exhibitions en

1. Notre Collègue, (du Conseil supérieur), M. G. Le Breton.

France de peuplades exotiques avaient eu un tel succès qu'il n'y eut pas d'année où Paris ne s'accrût de quelque village construit de terre ou de roseaux. A Lyon en 1894, à Bordeaux en 1895, les visiteurs se pressaient autour des huttes des nègres ou des cases annamites. Le public ne se lassant pas, l'exemple était bon à suivre. Toutefois, il fallait tenir compte de la mode : le noir était toujours bien porté, mais l'Asiatique de l'Extrême-Orient paraissait moins recherché ; ces petits hommes industrieux ne sont pas assez bruyants. A Rouen, nous avons lancé le Malgache.

Les Expositions ethnographiques sont amusantes et instructives. On y va à la découverte ; tout est sujet à étonnements. Les étrangers se rendent compte de leur succès, et comme la coquetterie et le sans-gêne paraissent instinctifs à toute race humaine, ils se montrent rapidement bons garçons et plutôt familiers : on leur en sait gré.

On importe aujourd'hui les indigènes de l'Asie et de l'Afrique comme on importait autrefois les épices ou l'ébène ; mais le métier est plus difficile. Les importateurs n'ont pas seulement une grosse opération commerciale à réaliser ; il leur faut trouver une cargaison de bonne volonté et qui consente à les suivre. Aussi, jusqu'à présent, ils sont peu nombreux.

Le Conseil eut affaire à deux d'entre eux, qui, tous deux, avaient eu une installation à Lyon.

M. Gravier, après Lyon, était allé, en 1895, à Bordeaux. Avec lui, les pourparlers engagés dès la fin de 1894 ne purent aboutir.

MM. Barbier frères, après Lyon, avaient installé leurs villages au Champ-de-Mars, à Paris. Pressentis au mois d'août 1895, ils signaient, le 19 novembre suivant, le traité qui les liait à l'Exposition de Rouen.

Un emplacement de 2,600 mètres, entièrement clos, devait être mis à leur disposition, moyennant une somme fixe de 5,000 francs et une redevance de 7 0/0 à prélever sur le produit brut des entrées à leurs tourniquets. Le Comité s'entremit, d'ailleurs, auprès de l'Assistance publique pour obtenir que le droit des pauvres fût fixé à forfait à 1,500 francs. L'eau, l'électricité et le gaz leur devaient être fournis aux prix mêmes que payait l'Exposition.

Pour le Vieux-Rouen, comme pour l'Exposition ethnographique, il fallait disposer d'une surface assez étendue ; deux emplacements se trouvaient libres, de même contenance ou à peu près : l'un, au centre de l'Exposition, dans la cour des baraquements militaires; l'autre, assez éloigné, sur les hauteurs de l'esplanade de Saint-Paul.

A priori, la meilleure place, au point de vue du succès, était certainement la plus centrale. Le Conseil eût donc pu se l'adjuger pour y installer le Vieux-Rouen. Mais, soucieux de l'harmonie de l'ensemble, il ne crut pas devoir se décider par cette seule considération.

Elever le Vieux-Rouen tout à côté des bâtiments, c'était rapprocher deux ensembles où l'architecture tenait une grande place ; or, la façade de M. Ruel et la porte du Bac de M. Adeline ne pouvaient voisiner qu'au grand détriment de l'une et de l'autre. Avec le « tata » nègre, l'inconvénient n'existait plus : il n'y avait pas de comparaison possible.

D'autre part, le Vieux-Rouen, perché sur une hauteur, prenait plus grand air; l'accès en devenait pittoresque, et ses hautes constructions, dominées seulement par la côte Sainte-Catherine et les clochers de l'église Saint-Paul, fermaient l'horizon d'heureuse façon.

C'est ainsi que les villages exotiques furent construits dans la cour des baraquements, et le Vieux-Rouen sur la place Saint-Paul.

GUIGNOL. — Dans le choix des attractions, les enfants ne devaient pas être oubliés.

En général, les parents conduisent les enfants, mais les enfants mènent les parents. Ce petit monde est donc une autorité à ménager. Sa clientèle a d'autant plus de prix qu'il apporte vie et gaieté ; il est partout, et bien vite, chez lui; son sans-gène et sa facilité à s'acclimater contribuent puissamment à masquer le côté provisoire des Expositions.

Il parut que, pour les enfants, l'ami Guignol serait un puissant attrait.

Au commencement de décembre 1895, le Conseil entra en pourparlers avec M. Caroli, qui s'offrait à installer dans le jardin le joyeux guignol et diverses attractions enfantines.

Au mois de mars 1896, il fut décidé que M. Caroli serait autorisé, moyennant redevance, à percevoir un droit d'entrée à son théâtre miniature.

Les débuts ne furent pas fructueux; rares étaient les spectateurs tandis que les enfants, en cordon pressé, se tenaient au loin, les yeux fixés sur la toile derrière laquelle ils devinaient quelque chose d'amusant.

Toutefois, au mois d'août, le succès devint considérable, soit qu'à l'époque des vacances les enfants fussent plus nombreux, soit que M. Caroli connut davantage les goûts de son public, soit, peut-être, que, dès la fin de juillet, le théâtre de guignol fut ouvert gratuitement à tous. Le Conseil avait, en effet, pris le parti de subventionner M. Caroli, pour lui permettre de continuer ses représentations pendant les vacances.

De cette décision, du moins, le public ne s'est jamais plaint.

La subvention supprimée, le théâtre des enfants fut fermé à la fin du mois d'août.

Musique. — Parmi les attractions, et en première ligne, il faut ranger la musique.

En général, dans une Exposition, la musique est un accessoire. Les abonnés s'y donnent rendez-vous et se réunissent par groupes pour deviser autour du kiosque; les visiteurs étrangers, fatigués de parcourir les galeries, s'y arrêtent quelques instants pour écouter un morceau et regarder les abonnés, devenus, à leur insu, partie intégrante de l'Exposition. Pour les uns et les autres l'orchestre compte peu.

Son rôle, cependant, peut être plus largement tracé. Le Conseil voulut réaliser une véritable exposition de la musique, dont les exposants seraient les compositeurs, et non plus seulement les fabricants d'instruments et les éditeurs de partitions, groupés, d'ailleurs, dans une classe spéciale.

Comme dans les expositions de liquides, le public devait être admis à *déguster*, ce qui lui permet de juger de la valeur des produits autrement que par la forme des flacons. La comparaison semblera irrévérencieuse; si les musiciens, ou les propriétaires des grands crus, en sont choqués, nous les prions d'être indulgents; nous ne cherchons qu'à nous faire bien comprendre.

Les musiciens vivants, maîtres reconnus ou discutés, devaient être joués, et aussi les maîtres anciens qui ont conservé de chauds partisans, parfois un peu exclusifs.

Ainsi tracé, le programme reposait sur un lourd budget, ce qui rendait particulièrement difficile le choix du chef d'orchestre appelé à devenir un collaborateur de premier plan. Il fallait un artiste qui fût aussi un administrateur.

Le Conseil s'aperçut bientôt que le choix n'était pas seulement difficile, mais fort délicat.

Deux candidats se trouvaient en présence : M. Brument, encore peu connu à Rouen, et M. Le Rey, très aimé des Rouennais, qui le savent toujours prêt à répondre gracieusement au premier appel.

Le 6 mai, les deux concurrents, à tour de rôle, développaient, en séance du Conseil, leur programme, montrant le but qu'ils se proposaient, les moyens qu'ils comptaient employer, les crédits qui leur paraissaient nécessaires.

Le 21, le Conseil en délibéra, mais de la discussion ne jaillit pas positivement la lumière. Pour se prononcer avec décision, il eût fallu pouvoir juger les concurrents, aussi bien comme artistes que comme administrateurs. Sur le second point, des industriels peuvent se former une opinion : la question artistique est moins de leur domaine.

Les concurrents avaient, il est vrai, montré des références flatteuses signées de noms illustres dans la musique ; par malheur les mêmes noms illustres se retrouvaient souvent ici et là. On en pouvait conclure avec certitude que tous deux étaient dignes du poste, mais l'embarras restait le même.

Quelqu'un fit la proposition de prendre l'avis d'une Commission spéciale qui, peut-être, après avoir entendu les candidats, après avoir pesé leur programme, apporterait des arguments décisifs en faveur de l'un ou de l'autre. Cette opinion prévalut.

Le 28 mai, MM. Le Rey et Brument se présentaient à nouveau devant la Commission et le Conseil réunis. Après leur départ, la Commission se retira pour délibérer. Au bout de quelques instants, elle rentra en séance pour désigner, à l'unanimité, M. Le Rey au choix du Conseil. Le terme « à l'unanimité » était exact, bien que l'un des membres fût absent ; mais l'absent, en s'excusant par lettre, avait, par avance, annoncé qu'il donnait sa voix à M. Le Rey.

Une dernière fois, le Conseil délibéra, cherchant toujours l'argument décisif ; puis on procéda au vote par bulletins secrets. M. Brument fut nommé.

En général, une résolution bien arrêtée amène une détente de l'esprit; cette fois, il s'en suivit plutôt quelque embarras : la Commission attendait dans la salle à côté.

Des explications étaient nécessaires sur le sens qu'il convenait d'attribuer à la décision prise, et les motifs qui l'avaient dictée. Elles ne furent pas marchandées. D'ailleurs, la minorité était imposante, ce qui ne laisse pas que d'être une grande consolation. Et, de fait, d'après le mode de calcul en honneur dans le monde parlementaire, il eût suffi de déplacer un peu plus de la moitié d'une voix pour changer complètement le résultat.

En hommes d'esprit, les Membres de la Commission [1] continuèrent leur concours au Comité, et, par la suite, tout parut s'arranger au mieux. En effet, à la fin de juin 1896, un mois et demi après les premiers concerts, la Commission, dans une lettre adressée au Président de l'Exposition, s'exprimait ainsi :

« A l'unanimité, la Commission déclare l'orchestre de M. Brument un orchestre remarquable, et félicite le Comité de l'Exposition du choix si heureux de son chef éminent. »

On peut rapprocher, sans y mettre de malice, les deux déclarations faites par la Commission à une année de distance. La contradiction est seulement apparente, et l'on n'y saurait relever l'empreinte d'esprits versatiles; en 1895, la Commission connaissait surtout M. Le Rey; en 1896, elle avait pu juger M. Brument. Son second témoignage, si net, est l'aveu, en dehors de toute question de sentiment, que les deux candidats étaient également fondés à se mettre sur les rangs. Nous le savions, d'ailleurs, par les attestations signées de nos grands compositeurs, et le Conseil eût été sage de s'en tenir à leur avis.

Suffisamment édifié sur la valeur artistique des concurrents, et seul responsable de la gestion financière, il eût dû choisir seul, en toute liberté et en pleine connaissance de cause.

Dans la suite, il eût délégué ses pouvoirs à une Commission musicale compétente, chargée de veiller à l'exécution du programme dans tous ses détails.

1. La Commission était composée de MM. de Montalent, Président; Guéroult, Haumesser, Klein et Latouche.

Ainsi eût été évité un écueil sur lequel nous avons légèrement touché, sans grosses avaries toutefois, puisque les bonnes volontés n'ont pas manqué pour nous remettre aussitôt à flot.

Jardins. — Pour compléter l'Exposition, il restait à créer les jardins.

Le projet de M. Ruel avait été définitivement adopté le 11 décembre 1894 ; aussitôt après fut élaboré un programme de concours à ouvrir entre les architectes paysagistes nés ou établis dans la Seine-Inférieure.

Le 20 avril 1895, six projets étaient déposés au Lloyd ; le 25, le Conseil supérieur, assisté de MM. Ruel, architecte de l'Exposition, et Leleu, directeur des promenades et jardins publics de Rouen, rendait son jugement [1].

Le projet classé premier était de M. Declais, architecte paysagiste à Darnétal ; un second prix fut décerné à M. R. Beaucantin, architecte paysagiste à Rouen, et une mention à M. Marie, horticulteur à Rouen.

Logiquement, les jardins ne peuvent être tracés qu'après les constructions, dont ils forment l'encadrement.

Dans la pratique, il serait désirable d'en avoir le plan, arrêté dans ses grandes lignes, longtemps à l'avance, de façon à préparer des ombrages. Les arbres, transplantés quand ils sont déjà vieux, ont besoin de plusieurs années pour développer le réseau de radicelles qui nourrit les vigoureuses frondaisons.

A Lyon et à Bordeaux, on n'eut pas à s'en préoccuper. Le parc de la Tête-d'Or et la promenade des Quinconces sont peuplés de beaux arbres ; bien loin d'avoir à planter, il fallut abattre, et c'est la hache à la main qu'on dut conquérir une surface libre pour construire les bâtiments.

Tout au contraire, à Rouen, l'Exposition s'élevait sur une place particulièrement ingrate. Aussi bien les parties nues que les parties occupées, tout était à corriger, à animer ou à cacher. Heureusement, l'avenue Saint-Paul fut annexée avec son allée d'arbres touffus qui domine le Champ-de-Mars ; c'était à la fois une promenade ombragée et un fond de verdure du côté de la Seine.

1. Comme pour le concours d'architecture, les projets étaient signés de simples devises reproduites sur des enveloppes cachetées renfermant le nom des concurrents.

M. Declais, limité par le crédit alloué, n'avait prévu dans son plan que des arbustes ou de jeunes arbres. Le Conseil demanda quelques grands arbres. En juillet 1895, un crédit supplémentaire de 3 à 4,000 francs fut voté, qui permit d'accueillir au Champ-de-Mars sept beaux marronniers, exilés du Jardin-des-Plantes. Ils arrivèrent engourdis par l'hiver : le printemps ne put les tirer de leur torpeur. Quelques feuilles sortirent timidement, mais la sève ne se laissa pas entraîner par l'activité générale.

Très sagement, ces marronniers avaient été placés au pied du talus Saint-Paul ; de loin, leur silhouette grêle se perdait dans la verdure de l'avenue ; de près, ils pouvaient passer pour de vieux arbres à demi morts que la hache a épargnés en souvenir des services passés.

En réalité, le seul arbre du jardin qui offrit quelque abri était, comme l'a dit un homme d'esprit, la statue de Géricault, par M. Guilloux. Le grand homme promenait son ombre, au gré du soleil, sur le sable des allées et servait, au besoin, de cadran solaire.

L'entreprise des jardins, comme celle des bâtiments, fit l'objet d'une adjudication restreinte entre entrepreneurs de la région. Le cahier des charges fut adopté à la fin de juillet ; en août, M. Garet, qui avait déjà collaboré à l'Exposition de 1884, était déclaré adjudicataire.

Les architectes paysagistes, dans leur projet de concours, n'avaient eu à prévoir, comme emplacements, que le restaurant, le kiosque pour l'orchestre[1] et les water-closets ; mais il leur était recommandé de concevoir un dessin qui fût assez souple pour permettre d'intercaler des constructions nombreuses, diverses par la forme et l'affectation : les unes, annexes de l'Exposition ; les autres, élevées par les exposants désireux de s'isoler.

Le 30 juillet 1895, le Conseil résolut d'installer un aquarium ; peu après, à la demande des exposants, il fut décidé qu'un chai serait construit pour abriter les liquides et les conserver au frais.

1. « Les concerts ayant lieu surtout le soir, il faudra chercher un endroit abrité, autant que possible, pour installer la construction au milieu d'un espace libre où pourront prendre place mille personnes assises. » (Extrait du programme du concours).

Les questions d'emplacement furent longues à décider ; puis, comme il arrive souvent, les choses parurent s'arranger d'elles-mêmes. Pour le chai, il ne suffisait pas de trouver une surface libre, il fallait encore réunir certaines conditions particulières : abriter la construction contre le soleil et l'aérer par des baies ouvertes au nord.

Il parut que le meilleur des abris serait le talus de l'avenue Saint-Paul et que, pour conserver à l'intérieur une température convenable, il suffirait de creuser légèrement le sol en forme de cave, et d'adosser à la muraille nord des terres en remblai couronnées de roches artificielles. On parviendrait ainsi à masquer le bâtiment, peu décoratif par lui-même, et à lui assurer la fraîcheur nécessaire.

La décision prise, on s'avisa que l'aquarium pouvait se glisser entre le chai et l'avenue. L'emplacement des bacs serait conquis sur le talus ; le promenoir, éclairé seulement par la lumière d'en haut, que tamise l'eau des réservoirs, s'allongerait en forme de grotte entre les enrochements de l'aquarium et la muraille du chai, formant un matelas d'air efficace pour protéger la cave.

Vers la même époque, l'Administration des Forêts fit la demande d'un emplacement pour élever un pavillon rustique. Le pavillon trouva sa place naturelle sur la butte formée par le chai ; appuyé aux enrochements du nord, il dominait, du côté sud, l'aquarium et les cascades qui l'alimentaient d'eau courante.

Plus tard, les demandes d'exposants affluèrent.

Il est toujours prudent, avant d'accorder une concession, de se faire présenter un croquis de l'installation ; il faut souvent lutter, et, dût-on passer pour un homme sans originalité et sans goût, renvoyer les projets à l'étude. Ceci n'est pas vrai seulement pour les constructions à élever dans les jardins, mais surtout pour les vitrines destinées à prendre place dans les bâtiments. Le règlement porte, il est vrai, une clause qui établit, pour le Comité d'organisation, « le droit de rejeter ou de faire modifier, aux frais des exposants, toute installation ou décoration particulière dont la forme ou l'aspect pourrait nuire à l'agencement ou à l'harmonie de l'Exposition ». L'application en est facile avant l'admission ; plus tard, quand l'exposant est installé, c'est une autre affaire.

Les places furent distribuées, dans les jardins, aussi nombreuses que possible, mais sans commettre d'infractions à cette double règle : conserver intacte la pelouse centrale au pied du dôme; ménager toujours les grandes lignes, qui donnent l'illusion de la profondeur, illusion d'autant plus nécessaire que l'espace libre est plus restreint. Il était surtout difficile de caser les constructions de quelque étendue; plusieurs d'entre elles, en façade sur l'avenue Saint-Paul, durent être élevées, en partie, sur des pieux battus dans le talus et masqués par le pavillon du restaurant.

Il semblait que tout était occupé et qu'il était désormais impossible de trouver un seul coin disponible quand, en mars 1896, deux mois avant l'ouverture, M. Pop apporta son projet de théâtre. En même temps le peintre Tinayre, qui avait suivi l'expédition de Madagascar, demandait avec instance au Conseil l'autorisation de transporter à l'Exposition de Rouen un diorama installé au Palais de l'Industrie, à Paris. Pour le théâtre, il fallait 1,200 mètres ; pour le diorama, 600 mètres environ.

On put encore les trouver dans l'angle du Champ-de-Mars, au pied du Vieux-Rouen, en déplaçant une forge, annexe des baraquements militaires, et en superposant le théâtre et le diorama.

Le théâtre fut placé sur une estrade, à 3 ou 4 mètres du sol ; au-dessous se trouvaient les loges, le diorama éclairé à la lumière électrique, et une remise pour le matériel du loueur de chaises.

Incontestablement la situation n'était pas des plus avantageuses, mais, faute de place, nous ne pouvions faire mieux ; les enceintes étriquées offrent d'ailleurs cet avantage qu'il ne s'y trouve pas, en réalité, de coins perdus.

Horticulture. — Dans un jardin, qui doit conserver pendant plusieurs mois sa fraîcheur et son air de fête, il est nécessaire de renouveler fréquemment les fleurs des corbeilles ; les frais d'entretien sont considérables. Soucieux de s'en affranchir, au moins en partie, le Conseil songea à offrir l'emplacement des corbeilles et des massifs aux horticulteurs pour leur permettre d'y installer, sans redevance, des expositions particulières. L'accueil fut plutôt froid.

Le programme comportant des concours temporaires de fleurs, également gratuits, les horticulteurs de la région comprirent, avec ensemble, qu'ils avaient intérêt à s'en contenter. Pour les concours établis sous une tente, il suffit d'apporter, au jour fixé, des lots de plantes fraîchement sorties du jardin ou de la serre ; après quelques heures d'exposition, le propriétaire reprend son bien et l'emporte ; la main-d'œuvre est insignifiante. Aux corbeilles, au contraire, si on les veut constamment séduisantes, il faut donner des soins journaliers pendant cinq mois, et, en plein air, le soleil et la pluie sont également à redouter. Les horticulteurs qui concourent à la décoration des jardins assument donc une lourde tâche, mais comme exposants ils ont le droit de placer des pancartes à leur nom au pied de chaque plante. Or, un nom cent fois répété et qui s'étale aux regards pendant cinq mois ne peut manquer d'attirer l'attention du passant. La considération est intéressante ; néanmoins les horticulteurs de la région n'y parurent pas sensibles tout d'abord.

Heureusement l'Exposition était nationale ; il vint un concurrent étranger qui offrit de garnir les massifs et de décorer les pelouses. Pour le coup une publicité intense, à l'avantage d'autrui, parut plus efficace aux horticulteurs normands et suscita quelque émotion.

Dans la suite tout s'arrangea ; les corbeilles furent distribuées entre les exposants, normands ou étrangers ; tous purent ainsi faire apprécier des visiteurs leurs produits et leur savoir-faire, au grand avantage du budget de l'Exposition.

Beaux-Arts. — En juillet 1895, dans une même séance, le Conseil prenait en considération le projet du Vieux-Rouen, présenté par M. Adeline, et adoptait le principe d'un Salon des Beaux-Arts.

Dans une Exposition, la galerie des Beaux-Arts doit être considérée comme un luxe ; il ne s'y rattache pas de recettes directes. Les emplacements sont donnés gratuitement aux artistes et il est difficile de percevoir un droit sur les entrées ; exposants et visiteurs s'en plaindraient également. Les premiers, exempts de tous frais, n'ont souci de l'équilibre du budget ; ils réclament une large publicité ; les autres peuvent soutenir avec raison que peinture et sculpture font partie de l'Exposition proprement dite, et qu'ils ont déjà payé aux tourniquets de l'entrée.

Les Beaux-Arts constituent une réelle attraction qui peut exercer une influence sur le nombre des visiteurs, mais il paraît impossible de chiffrer l'augmentation de recettes qui en doit résulter.

Dans le projet de budget, il ne peut donc être établi une contre-partie au chapitre des dépenses. Or, ces dépenses, de nature diverse, sont élevées. Il faut aménager les salles et leur assurer un éclairage spécial ; les frais de transport, d'installation et d'assurance des tableaux et statues sont à la charge de l'Exposition ; enfin, si le concours de certains artistes de marque peut être obtenu par relations ou camaraderie, il en est qui échappent à toute action personnelle. A ceux-là il faut pouvoir offrir quelque avantage : on arrive souvent à les décider en annonçant qu'il sera fait des achats importants par l'Exposition.

Pour équilibrer les dépenses il faut donc s'assurer d'un élément de recettes en dehors des Beaux-Arts : aussi le principe du Salon ne fut-il admis qu'après le principe d'une loterie.

Une Commission spéciale [1] se mit sans retard à l'ouvrage.

La question du gardiennage, l'une des premières abordées, fit l'objet de longues discussions. Le gardiennage prend, pour les Beaux-Arts, une importance toute particulière en raison de la nature et de la valeur des objets exposés. Il suffit de peu de temps pour les détériorer et il est facile de dérober et de cacher ceux d'entre eux qui sont de petites dimensions.

Un règlement particulier à la section fut élaboré et envoyé aux artistes dès le 28 février 1896.

L'admission devait être prononcée par un jury chargé d'opérer une sélection sévère parmi les envois, la place disponible étant restreinte [2].

Le succès de la section des Beaux-Arts, à Rouen, fut considérable ; le public y trouvait les œuvres de tous les maîtres dont le nom lui est familier, et ces œuvres, grâce à l'ardente intervention des organisateurs, étaient parfois des meilleures.

Affiches, Médailles, Diplomes.— Le Conseil, dans ses premières séances, avait décidé d'adopter le principe du concours toutes les fois qu'il serait fait appel aux étrangers pour une œuvre intéressant l'Exposition.

1. M. G. Le Breton, Président ; MM. E. Lebel, Directeur du Musée de Peinture et de l'Ecole régionale des Beaux-Arts ; J. Le Roy, Président de la *Société des Amis des Arts* ; Félix, Président de la *Société artistique de Normandie*.

2. Les noms des Membres du Jury se trouvent dans le catalogue spécial du Salon des Beaux-Arts ; il suffit d'en parcourir la liste pour s'assurer que les intérêts des artistes ne pouvaient être en meilleures mains.

C'est par le concours que l'Architecte et l'Architecte-paysagiste avaient été choisis.

Malheureusement les principes ont le tort de traverser les évènements un peu à la façon de boulets de canon, ce qui peut présenter quelque danger. Ils sont excellents dans le domaine moral, quand on relève de sa seule conscience ; ils deviennent médiocres dès qu'on travaille au nom des autres et qu'on doit tenir compte de leurs jugements. Il n'est pas prouvé d'ailleurs que pour marcher sûrement dans la vie il suffise de se précipiter en avant et de heurter de front les obstacles ; mieux vaut les tourner à la condition de ne pas perdre de vue le but à atteindre.

Le principe du concours avait été adopté, mais avec cette restriction nécessaire qu'il pût s'appliquer utilement ; pour cela il faut du temps, de l'argent et des éléments.

Pour les affiches, le temps ne manquait pas, mais les éléments faisaient défaut. Sous peine de devenir très onéreuses, les affiches doivent être tirées à un nombre restreint de couleurs. Il ne suffit donc pas, pour la composition, de trouver des idées heureuses et de les exprimer en beau style ; à ce compte il n'eût pas été besoin de chercher des artistes hors de Rouen. Il faut encore une palette sobre, et la sobriété, en fait d'affiches, ne s'acquiert que par l'usage.

Le Conseil, après étude, dut renoncer au concours projeté et reconnut la nécessité de s'adresser à l'une des maisons qui se sont fait une spécialité des affiches illustrées, composées dans leurs ateliers par des artistes attitrés. Des projets furent demandés à l'imprimerie Chaix.

Avec la médaille les difficultés étaient autres. L'opinion prévalut qu'il serait désirable d'offrir, en souvenir de l'Exposition de 1896, une véritable œuvre d'art. C'est un moyen détourné de sauver de l'oubli les entreprises éphémères qui n'ont de valeur que pendant un instant.

Il est difficile d'ouvrir un concours en inscrivant au programme l'obligation, pour les concurrents, de produire un chef-d'œuvre. La difficulté augmente encore si, à la décision d'avoir beau, on joint le désir d'obtenir à bon compte. La première condition ne laisse en présence que les maîtres, mais la seconde les écarte immédiatement car ils connaissent en général, alors même qu'ils ne parlent pas l'anglais, la devise : *Time is money.*

Il fut donc décidé que la médaille de l'Exposition ne ferait pas l'objet d'un concours entre graveurs, mais que la commande en serait faite à un maître[1] et qu'une langue dorée se chargerait de traiter avec lui la question d'argent.

Quant au diplôme, c'est le temps qui a manqué pour le soumettre au concours, mais il a été exécuté par deux artistes normands : M. Baudoüin, de Rouen, en a donné le dessin ; M. Lamotte, du Havre, en a fait la gravure.

PAVILLON DE L'ADMINISTRATION. — On est tenté de reprocher aux Ingénieurs qui entreprennent des travaux en pleine campagne d'élever, avant toute chose, une maison d'ingénieurs. Ils en peuvent certainement donner de bonnes raisons.

Bien que le quai du Havre ne fût pas très éloigné du Champ-de-Mars, il parut désirable au Conseil de se réunir et d'installer les services de l'Exposition à proximité des chantiers. Sur place, la surveillance et les communications avec le public devaient être plus faciles.

L'Architecte fut chargé d'étudier un projet de bâtiment, approuvé dans la séance du 2 juillet 1895. C'est ainsi qu'a été élevée la Maison normande, d'ailleurs très réussie, qui se présentait à l'entrée du Champ-de-Mars.

Jusqu'au jour de l'ouverture de l'Exposition elle a rendu les plus grands services ; depuis, on lui a trouvé des inconvénients, celui, notamment, d'être une porte mal fermée.

Tout compte fait, il semble qu'il y aurait eu plutôt avantage à loger l'Administration dans le voisinage immédiat du Champ-de-Mars, et complètement en dehors de l'Exposition.

Exception est faite cependant pour les services de l'Architecte et du Directeur qui doivent être sur place. Mais leur aménagement ne motive aucun déploiement de luxe s'ils sont isolés de l'ensemble.

Une installation en location dans une maison voisine du Champ-de-Mars eût été beaucoup moins coûteuse. De plus, l'emplacement resté libre pouvait être occupé par des exposants et procurer des recettes pour droits de place.

1. La médaille de l'Exposition de 1896 est l'œuvre de M. Roty, Membre de l'Institut. Nous serions mal venus d'en tenter l'éloge, surtout auprès des personnes qui l'ont vue.

A tous les points de vue nos finances se seraient bien trouvées de cette combinaison.

RESTAURANT.— Le 30 juillet 1895, le Conseil concédait à M. Bonnefoy, moyennant une redevance de 8,000 francs, le restaurant de l'Exposition [1]. Le concessionnaire prenait à sa charge la construction à élever, sur un emplacement désigné et d'après des plans approuvés par l'Administration.

Comme beaucoup d'autres, cette question, simple en apparence, a été compliquée d'une façon assez inattendue.

Dans toute Exposition longue à visiter et semée d'attractions, il se trouve un ou plusieurs restaurants. Les étrangers, dont les moments sont comptés, peuvent, quelle que soit l'heure où ils entrent, y séjourner sans dérangement. Les obliger à sortir pour prendre leurs repas, c'est augmenter les frais de visite et causer une perte de temps.

En raison de son peu d'étendue, l'Exposition de Rouen ne pouvait comporter qu'un seul restaurant ; aussi le Conseil, désireux d'en permettre l'accès à tout visiteur, avait songé à imposer au concessionnaire l'obligation de servir des déjeuners et des dîners à prix-fixes assez bas.

C'est alors que quelques restaurateurs de Rouen intervinrent pour protester contre cette décision. Un restaurant à prix-fixe à l'intérieur du Champ-de-Mars serait un concurrent contre lequel ils ne pourraient lutter, les repas pris en dehors se trouvant grevés d'un droit nouveau d'entrée pour les personnes qui voudraient retourner à l'Exposition. Ils demandaient : ou bien qu'il ne fût pas installé de restaurant au Champ-de-Mars, ou bien qu'un système de contremarques permît aux visiteurs, désireux de déjeuner ou de dîner en ville, de rentrer à l'Exposition sans bourse délier. Les plaignants se réclamaient d'ailleurs de leur qualité de souscripteurs au capital de garantie et soutenaient que l'Exposition ne devait pas créer de concurrence à ceux qui l'avaient rendue possible.

La première solution était inacceptable en principe, l'une des conditions du succès étant précisément les facilités accordées aux visiteurs.

1. Le restaurant avait été demandé par plusieurs propriétaires d'hôtels de Rouen ; au dernier moment, M. Bonnefoy seul était resté sur les rangs.

Après étude, la seconde solution ne parut pas d'application pratique, et de fait, dans les plus mauvais jours, le nombre des entrées a été tel que le système des contre-marques eût donné lieu à des fraudes impossibles à découvrir et à réprimer.

Dans ces conditions, le Conseil, responsable également devant tous les souscripteurs du capital de garantie, ne crut pas pouvoir donner satisfaction à la demande des restaurateurs ; il se contenta de ne pas imposer au futur concessionnaire du restaurant, l'obligation de servir des repas à prix-fixes [1].

Cafés, Bars, Dégustations. — En même temps que le restaurant, et dans des conditions analogues, un café devait être concédé. L'emplacement en avait été désigné par l'Architecte-paysagiste ; la construction devait être élevée aux frais du concessionnaire et d'après des plans agréés par l'Administration.

Tous autres concurrents s'étant retirés, M. Meïer fut déclaré concessionnaire, moyennant une redevance de 5,000 francs.

Il ne parait pas à craindre qu'une Exposition manque jamais de débits de boissons ; les demandes étaient nombreuses pour des buvettes ou des bars. Il en vint de partout : de Paris, de la province, de l'étranger. Chacun vantait l'excellence de ses produits et l'élégance de l'installation à créer.

En raison des charges imposées à MM. Bonnefoy et Meïer, concessionnaires du café-restaurant et du café, le Conseil résolut de limiter le nombre des bars destinés à leur faire une concurrence d'autant plus dangereuse qu'ils pouvaient être établis avec des frais beaucoup moindres.

Il fut décidé que trois buvettes seulement seraient ouvertes. Les buvettes se distinguaient des cafés en ce que les consommateurs devaient rester debout.

Exception fut faite cependant pour le Vieux-Rouen. Il y eut là un véritable café, où les consommateurs pouvaient s'asseoir. L'exception était motivée, d'abord par l'éloignement du Vieux-Rouen, et aussi par la nécessité de montrer, dans cette restitution du passé, un cabaret moyen-âge avec son personnel en costume du temps.

1. Une tentative avait été faite pour amener les restaurateurs et maitres-d'hôtel de Rouen à monter, en commun, le restaurant de l'Exposition. Chacun d'eux étant ainsi intéressé à son succès, la difficulté eût été tournée. Ce projet ne put aboutir.

Nous avions pensé tout d'abord qu'après avoir, par principe, écarté tous les étrangers, il serait possible de traiter de gré à gré avec nos concitoyens. Il en fallut rabattre ; les compétitions étaient trop ardentes. Les bars furent donc mis en adjudication et les titulaires choisis en raison de leurs offres.

Nombreuses aussi les demandes d'exposants qui désiraient faire déguster leurs produits; il s'agit, bien entendu, de dégustations payantes. Bien qu'on ne pût soutenir que cette pratique dérivât d'un droit de l'exposant, il parut difficile de limiter le nombre des concessions sans tomber dans l'arbitraire.

Toutefois, les autorisations ne furent données qu'à bon escient et restreintes aux seuls produits d'une marque déterminée.

Les derniers mois de l'année 1895 furent occupées par l'étude de nombreuses questions de détails, toutes relatives aux exposants.

Transport et Manutention. — C'est ainsi que, le 19 novembre, le Conseil décidait de mettre les services de l'Exposition à la disposition des exposants qui en voudraient user, pour le transport et la manutention des colis, à l'arrivée et au départ, ainsi que pour le magasinage des caisses vides pendant six mois.

On facilitait ainsi la tâche des étrangers qui ne pouvaient se trouver à Rouen en temps utile et n'avaient pas de coin en ville pour y remiser les emballages.

Ce service nouveau nécessitait un outillage spécial ; il fallait à sa tête, pour le diriger avec ordre et précision, un homme expérimenté.

Au lieu de chercher l'homme et d'acquérir l'outillage, le Conseil crut plus sage de s'entendre avec un camionneur-entrepositaire de la ville. Diverses propositions furent faites, et, après examen, M. Grivault, le correspondant de la Compagnie de l'Ouest, agréé.

Les exposants avaient reçu, en même temps que leur certificat d'admission, le tarif des transport, manutention et magasinage. S'ils s'adressaient à l'Exposition, leurs ordres étaient transmis à M. Grivault, chargé de l'exécution, et M. Grivault payait à l'Exposition une redevance représentant dix pour cent des prix inscrits au tarif.

Catalogue. — Aucun des imprimeurs de Rouen n'ayant voulu courir les risques de la publication du catalogue officiel, la concession en fut donnée à la maison Lemercier, de Paris, chargée exclusivement de l'impression et de la vente, moyennant une redevance à verser à l'Exposition pour chaque exemplaire vendu.

Les exposants avaient reçu, avec leur certificat d'admission, une notice toute préparée qu'ils étaient priés de remplir, notice donnant le nom, le domicile, le genre d'industrie ; puis, comme réclame, les titres personnels et les récompenses précédemment obtenues.

Pour ces indications, trois lignes étaient concédées gratuitement ; les lignes supplémentaires devaient être payées à un taux fixé par l'éditeur et indiqué sur l'imprimé.

Les notices, remplies et signées, étaient retournées aux bureaux de l'Exposition, et, de là, envoyées à la maison Lemercier. Le retour à l'Exposition avait pour but de permettre la vérification de la fiche de l'exposant et le contrôle des réclames à insérer.

Ce mode de procéder a présenté deux gros inconvénients.

Tout d'abord, beaucoup d'exposants ont tardé à retourner la feuille de renseignements, ou bien l'ont mise de côté sans plus s'en occuper, de sorte que : 1° le catalogue a paru avec beaucoup de retard ; 2° il était incomplet.

D'autre part, ceux qui l'ont remplie et signée n'ont pas tous fait de distinction entre les lignes gratuites et les lignes supplémentaires. Et, dans ce cas, ils n'hésitaient pas à faire valoir, avec quelque complaisance, leurs titres de toutes natures. Quand, plus tard, la note à payer leur fut présentée, il se trouva des récalcitrants qui, en général, s'en prirent à l'Exposition de leur manque d'attention et du prix demandé par l'éditeur.

Il semble qu'il vaudrait mieux, pour éviter ces inconvénients, tirer de la demande d'admission elle-même les documents essentiels au catalogue : nom, adresse, profession ; en prévenant les intéressés de la libeller en conséquence, on obtiendrait des renseignements précis. L'Exposition communiquerait à l'imprimeur, au fur et à mesure de la réception, les fiches individuelles des exposants, et le catalogue, tenu à jour, pourrait paraître sans retard, ce qui est indispensable pour arriver à le bien vendre. Quant à la réclame, elle serait sollicitée directement par l'éditeur qui en touche le prix ; il enverrait, pour cela, aux exposants inscrits, des imprimés spéciaux indiquant ses conditions. Ainsi, l'Exposition serait à l'abri de tous les ennuis qui peuvent naître d'une opération à laquelle elle est étrangère.

Cette méthode a été suivie pour le catalogue du Salon des Beaux-Arts, d'où, il est vrai, la réclame est exclue. Le catalogue complet a été prêt à temps; il s'en est vendu nombre d'exemplaires.

Service d'incendie. — Le règlement général remis aux exposants portait :

« Art. 16. — Une assurance sera prise en vue de préserver les bâtiments et annexes contre les risques d'incendie; les exposants assureront eux-mêmes directement leurs produits, s'ils le jugent à propos.

» Le Comité organisera un service de secours contre l'incendie et un gardiennage général de jour et de nuit; il prendra toutes les mesures qu'il jugera utiles pour préserver les produits exposés de toute avarie.

» Néanmoins, le Comité ne sera, en aucun cas, responsable des incendies, accidents, dégâts, détournements, avaries ou dommages dont les objets pourront avoir à souffrir, quelles qu'en soient la cause et l'importance. »

Cette clause pouvait dégager le Conseil de toute responsabilité, mais non de toute préoccupation. A plusieurs reprises, la question des secours contre l'incendie fut mise à l'étude et longuement discutée.

On décida tout d'abord qu'il serait interdit de fumer à l'intérieur des galeries, et des instructions très sévères furent données dans ce sens aux gardiens. Malheureusement, les gardiens n'avaient par eux-mêmes aucune autorité pour verbaliser contre les contrevenants. Il eût fallu suivre l'exemple de Bordeaux. Là, le Maire avait pris un arrêté, en vertu des articles 97, 55, 34 et 6 de la loi municipale de 1884, pour interdire de fumer dans les bâtiments affectés à l'Exposition de la Société Philomathique. Le Commissaire central était chargé de l'exécution de l'arrêté, qui fut visé par le Préfet de la Gironde.

Pour combattre les incendies, les dispositions suivantes furent adoptées :

Canalisation d'eau sous pression, avec bouches d'incendie, raccords et longueurs, le tout du type adopté par la Ville ;

Communication téléphonique particulière entre l'Exposition et le poste central des pompiers ;

Installation, à l'Exposition même, d'un poste de sapeurs-pompiers empruntés au service municipal.

A la fin du mois d'août, une alerte un peu vive permit de constater que le tout fonctionnait dans d'excellentes conditions.

Le feu s'était déclaré à l'une des paillottes du village noir. Les pompiers de garde, sous la direction d'un lieutenant, avaient à peine abattu la toiture en flammes, qu'une pompe à vapeur arrivait, accompagnée des officiers. En quelques minutes, tout était terminé.

Façade des batiments. — Dans les derniers jours de 1895, le Conseil adopta les plans de la façade, proposés par M. Ruel, et vota les crédits nécessaires à l'exécution : d'un dôme central de 35 mètres de haut, de deux portiques latéraux et des entrées décoratives de la Salle des Fêtes et du Salon Parisien.

Emplacements. — Dès le commencement de 1896, le Directeur se préoccupa de la question des emplacements : l'une des plus délicates qui se puissent rencontrer.

Avant même d'entrer dans la pratique, elle paraît difficile. Les exposants semblent autant d'êtres divers dont les goûts et les besoins seraient différents. On redoute de voir les galeries envahies, transformées en un fouillis inextricable, et l'on rêve d'un règlement draconien pour assurer l'ordre et permettre la méthode.

« Les exposants seront tenus... » Généralement, on ne va pas plus loin. Les exposants sont nécessaires aux Expositions, et on réfléchit sagement qu'il ne faut pas, alors qu'on les invite à venir, semer la route d'obstacles. D'ailleurs, l'exemple des Expositions précédentes est là pour prouver que la liberté est compatible avec l'ordre ; et, de fait, la surface des emplacements demandés varie peu dans une classe déterminée.

Aussitôt après avoir renoncé à réglementer les emplacements comme surface, on songe à les réglementer comme hauteur, sous prétexte qu'entre voisins il ne se faut porter ombre ni ombrage. La raison est bonne, sans doute, et un règlement s'élabore, destiné, d'ailleurs, à rester lettre morte. Sur ce point encore, les goûts des exposants se ressemblent, et la hauteur de 3 mètres paraît un maximum. S'il s'en présente qui veulent faire plus grand, ils sont, en somme, les bienvenus. Leurs installations peuvent contribuer à la décoration des salles, mais à la condition de ne pas être semées au hasard. Il faut établir, dans la répartition, un certain équilibre, analogue à ce que les architectes cherchent dans les édifices, et les peintres dans leurs tableaux.

Nous n'avons pas songé, à Rouen, à imposer aux exposants d'une même classe des façades uniformes. On l'a fait ailleurs; mais il semble que si on ne réussit pas à atteindre, par ce moyen, un caractère de grandeur, on tombe forcément dans le monotone et l'ennuyeux. Du reste, c'est la plus sérieuse des entraves que l'on puisse apporter aux exposants, et il serait dangereux d'en essayer en province [1].

En définitive, la seule réglementation qui eut une sanction fut l'obligation, pour les exposants, de payer leur emplacement, calculé avec une profondeur de un mètre, de façon que, sans perdre de place, au point de vue de la recette, il fût possible d'aligner les vitrines pour former des allées droites.

Quand, les études préliminaires achevées, on passe à la pratique, le problème se complique encore.

Procéder à une installation suppose deux choses : qu'on dispose des objets à installer et de la place nécessaire pour les loger. Or, la première des conditions n'est remplie que très tard.

Les exposants viennent lentement ; ils sont, à coup sûr, moins pressés que les organisateurs. On ne peut à l'avance préparer un plan et assigner les places définitives. Il faut marcher au jour le jour, et ne pas hésiter à défaire parfois le lendemain ce qui a été fait la veille.

La tâche est lourde et les exigences des exposants la rendent particulièrement ingrate. Elle ne peut cependant se partager. Si les adhésions étaient connues assez tôt, tout serait simplifié : un travail de répartition relativement simple permettrait d'affecter à chacune des classes une surface en rapport avec ses besoins, et, dans les

1. Beaucoup d'exposants sont propriétaires de leurs vitrines qu'ils transportent d'une Exposition à l'autre; ils reculeraient peut-être devant les frais d'une nouvelle installation et préféreraient s'abstenir.

cadres ainsi tracés, les Commissions d'organisation procéderaient elles-mêmes à la distribution des places.

C'est, au contraire, dans les dernières semaines que les exposants se présentent, et les derniers arrivés ne sont pas les moins exigeants; ce sont souvent les plus importants. A les croire, il faudrait tout bouleverser pour leur donner la première place.

Si le travail d'installation n'était pas réuni dans une seule main, on arriverait rapidement à la cacophonie; dans certaines classes, les vitrines seraient entassées; dans d'autres, clairsemées; personne ne voudrait se gêner quelque peu pour faire place aux retardataires. Or, il vaut peut-être mieux installer un exposant qui présente des produits intéressants dans une classe autre que la sienne, que de lui refuser l'entrée, sous prétexte qu'il ne reste plus de place dans la galerie affectée aux produits similaires. Incontestablement, l'Exposition y perd en clarté, mais elle y gagne en intérêt.

C'est surtout avec les représentants d'exposants que le Directeur doit se débattre.

Représentants d'Exposants. — La périodicité des Expositions qui se succèdent d'année en année, en France et à l'étranger[1], a fait naître une profession nouvelle.

Certains industriels, après avoir suivi avec intérêt les premières Expositions, se sont fatigués, à la longue, d'un effort périodique. Ils se sont reposés sur des tiers du soin de promener de ville en ville une vitrine, toujours la même, et d'y ranger, toujours dans le même ordre, les mêmes produits. Les représentants d'exposants étaient créés.

En s'adressant à eux, l'exposant évite toute démarche ennuyeuse : plus de stations dans les bureaux, plus de discussions ; il n'a même pas la peine de venir chercher les récompenses obtenues.

Tous les représentants d'exposants sont actifs ; en grande majorité, ils sont honnêtes. Leur expérience des Expositions peut être profitable aux organisateurs eux-mêmes, qui doivent se garder de les traiter dès l'abord en ennemis.

Mais il est des points sur lesquels il y a lieu de veiller tout spécialement.

1. En 1896, il y avait comme Expositions : en France, Rouen et Montpellier; à l'étranger, Genève, Budapesth, Berlin et Nuremberg.

Dès que les premières circulaires sont envoyées en rabatteurs pour lever des exposants, les représentants arrivent et commencent une enquête sur l'Exposition. Si l'enquête est favorable, ils se mettent en rapport avec le Comité d'organisation et font valoir le nombre de clients qu'ils peuvent amener. Malheureusement, ajoutent-ils, le tarif des places est fort élevé, et les exposants ne se décideront à signer leur demande que s'ils obtiennent une réduction notable. Les organisateurs protestent, naturellement. Les représentants s'éloignent sans insister et entrent en campagne. Après quelques semaines, on les voit reparaître avec quelques demandes, qui semblent une amorce. Nouvelle escarmouche sur le prix des places, nouveau départ.

Mais le temps passe, l'ouverture approche et les exposants ne s'empressent pas. Si les organisateurs n'ont pas quelque bonne raison de croire qu'un jour viendra où les galeries seront remplies, il est rare que les représentants n'obtiennent pas gain de cause.

A qui va la réduction consentie? Nous n'avons pas à le rechercher.

A Rouen, nous avons pu résister à toutes les tentatives, soit qu'on voulût enlever la place de vive force, soit qu'on tentât de s'y glisser par une porte entrebâillée.

Nous étions forts du précédent de la dernière Exposition. En 1884, la surface couverte avait été entièrement occupée, et nous ne l'avions pas tellement augmentée, dans les premiers projets, que nous ne fussions fondés à compter sur un égal succès.

Et, de fait, les évènements nous ont donné raison, bien que, par la suite, des agrandissements considérables eussent été décidés [1].

Les exposants inscrits, commence, avec les représentants, la discussion du choix des emplacements à accorder à leurs clients. Làdessus ils sont intraitables et ont mille raisons à donner pour prouver que la grande maison X... doit être placée bien en évidence avant toute autre.

1. Il a été refusé des exposants dans la première quinzaine de mai, bien qu'à la fin de mars le nombre en fût encore restreint; c'est en avril que, pour la plupart, ils sont venus. Le Conseil avait, d'ailleurs, décidé qu'il ne serait pas concédé d'emplacements aux représentants qui se proposaient de former des collectivités; chaque demande devait être signée de l'exposant lui-même, seul comptable du prix de la place.

Dans la suite, on retrouve les représentants quand il s'agit de choisir les membres du Jury, et, plus tard encore, pour discuter les récompenses accordées.

Après tout, ils sont dans leur rôle, et, en général, s'acquittent de leur mission avec zèle et ténacité. Comme d'ailleurs, dans le nombre de leurs réclamations, il s'en trouve de fondées, et qu'ils ont assez d'expérience pour connaître les points sur lesquels ils doivent obtenir satisfaction sans faire crier le voisin, on arrive à une entente par une série de transactions.

Ce n'est guère qu'à la fin de l'Exposition que les représentants se déclarent satisfaits.

Construction des batiments. — En même temps que l'installation, les travaux de construction suivaient leur cours.

En réalité, une Exposition n'est jamais achevée. Ceux qui en prennent la responsabilité veulent, avec raison, faire du provisoire; ceux qui en ont la jouissance exigent du définitif. Il reste toujours un point incomplet; le public réclame, élève la voix, et, pour lui donner satisfaction, on ajoute ou on retranche quelque chose. Bien entendu, et surtout pendant les semaines qui englobent l'ouverture, tout doit se faire en grande hâte, le temps manque pour les études et les devis. Il serait, à coup sûr, désirable de pouvoir procéder comme les Conseils généraux. Tout projet nouveau devrait être discuté et adopté en principe, après quoi l'examen du crédit nécessaire ferait l'objet d'une seconde discussion.

Un membre du Conseil supérieur avait très sagement proposé cette méthode de travail. Elle fut suivie jusqu'en février 1896. Mais le moyen, plus tard, d'y rester fidèle, quand on est pris dans le tourbillon et qu'on compte le temps par heures?

La difficulté d'exécution n'était d'ailleurs pas moins grande, car nous ne pouvions appeler plusieurs architectes à se partager les études.

Dans les Expositions universelles, chacune des grandes divisions, en raison de son importance, forme en réalité un tout. L'œil ne peut percevoir les ensembles que de loin, alors que les détails sont fondus dans une tonalité générale; aussi l'harmonie n'est pas troublée par la physionomie propre des diverses parties.

Si l'Exposition est de dimensions restreintes, les détails restent apparents dans l'ensemble; ils doivent donc être traités avec le souci de leur valeur propre et de leur valeur relative. La variété des uniformes n'est pas choquante dans un corps d'armée qui défile ; elle le devient s'il s'agit d'un simple bataillon.

Or, pour obtenir l'harmonie indispensable, il faut que le goût d'un seul préside au choix des parties et à leur agencement. C'est donc, pour l'architecte désigné, un travail considérable qui doit être conçu et exécuté en peu de mois. Si l'architecte est un homme consciencieux et qui ne veut rien lâcher, la tâche devient écrasante.

C'est seulement le 3 mars 1896 que fut adopté le plan définitif des galeries de la locomotion, en bordure du boulevard Gambetta. A plusieurs reprises, il dut être remanié pour obtenir la place nécessaire et donner satisfaction aux exposants.

On reconnut d'ailleurs, par la suite, que le terme définitif appliqué à ce plan n'avait qu'une valeur relative.

Les galeries étaient prévues ouvertes sur le jardin et séparées des allées par une barrière légère. Un velum extérieur devait abriter la face dégagée, et, se rabattant le soir, s'opposer à la rosée de la nuit.

Dès qu'il y eut deux exposants inscrits, il se forma deux écoles.

L'une critiquait la disposition adoptée. Dans les galeries mal closes, l'humidité et la poussière agiraient de complicité pour ternir l'éclat des vernis ; il fallait donc vitrer, du haut en bas, la face donnant sur le jardin.

L'autre école tenait pour des bâtiments ouverts. Les fermer complètement, c'était y concentrer une chaleur intolérable à laquelle les visiteurs, pas plus que le vernis, ne pourraient résister.

Chacune, en outre, avait son opinion sur la façon de présenter les voitures : l'une les voulait en long et l'autre en travers [1].

Avec les exposants nouveaux, le nombre des écoles augmenta ; il y en eut bientôt quatre reposant sur les quatre combinaisons possibles du désaccord entre intéressés.

La question de la locomotion n'allait donc pas comme sur des roulettes. En définitive, les galeries ne furent pas vitrées ; il y eut des

1. Cette question avait son importance ; il fallait calculer la largeur des galeries de façon que, quelle que fût la disposition adoptée pour les voitures, il n'y eût pas de place perdue.

voitures placées en long, d'autres en travers, et, à la fin de l'Expo-tion, le gros orage du début était entièrement apaisé.

PÉRIODE DE CONSTRUCTION. — Il est curieux d'assister à l'éclosion des bâtiments d'une Exposition et d'en suivre les phases. Le terrain où les constructions doivent pousser reste aride longtemps, trop longtemps au gré des impatients. Puis la carcasse sort de terre et se développe à vue d'œil : le travail de chaque jour est apparent. Les poteaux grêles disparaissent, masqués par les cloisons ; la masse s'étoffe et s'alourdit.

A ce point du développement, il semble qu'il y ait un arrêt, et pourtant l'activité est toujours grande sur les chantiers. Les travaux de couverture, de plomberie, de ferblanterie, la mise en place des châssis vitrés, la pose des planchers, l'aménagement intérieur, sont poursuivis sans relâche; mais les progrès n'en peuvent être constatés que par les initiés ou les gens du métier. Les curieux, du dehors, ne voient plus de changements ; la masse leur apparait comme endormie. Ils comptent les semaines, puis les jours avant l'ouverture, et s'étonnent d'une inertie qui dure des mois.

Mais un matin, les décorateurs se mettent à l'ouvrage. Les peintres, accrochés aux échelles, habillent les cloisons trop nues ; le staff s'étale en larges plaques sur les façades, dont l'aspect change d'heure en heure. La construction perd son aspect morne, elle s'anime et devient une personnalité. C'est alors que les inspecteurs privés des travaux publics ne chôment pas ; ils ont à peine le temps de tout discuter et critiquer.

La partie décorative doit être menée vivement. Comme toutes les choses fragiles, elle se sauve par la légèreté et la fraicheur.

Pour arriver à la rapidité dans l'exécution, il faut une préparation longue et minutieuse, en raison de la multiplicité des détails. Nombreux sont les corps de métiers appelés à collaborer, et nombreuses les compétitions, sources de difficultés et de tiraillements qui usent des jours et des semaines.

Autant que possible, les entrepreneurs chargés des travaux furent pris parmi les industriels de la région. Exception, cependant, dut être faite pour la décoration de la Salle des Fêtes, confiée à une maison de Paris, « A la Place Clichy ».

Dès le 10 mars 1896, « la Place Clichy » offrait ses services, s'engageant, au cas où elle serait agréée, à renforcer la décoration par des tapisseries de prix mises gracieusement à la disposition du Comité.

La proposition ne fut pas acceptée de suite. Le Conseil, se conformant à une tradition constante, et d'ailleurs bien naturelle, désirait confier le travail aux tapissiers de la ville.

A ce moment, les membres de la Commission d'organisation de la classe 19, « Industrie des tapissiers et décorateurs », tenaient de fréquentes réunions pour discuter leur participation à l'Exposition.

Le Conseil fut péniblement impressionné en apprenant qu'après discussion, les tapissiers de Rouen avaient décidé de s'abstenir, sous le prétexte que l'Exposition était nationale et non plus régionale, comme en 1884; ils craignaient d'être éclipsés par les grandes maisons de Paris, mieux outillées pour réaliser des installations luxueuses.

En réalité, la raison est surtout spécieuse. L'art du tapissier ne consiste pas à développer de riches étoffes et à étaler des tentures de prix, (le mérite en revient au fabricant), mais à chiffonner avec goût, à draper avec adresse et à former des ensembles harmonieux de couleur. La richesse d'une installation ne saurait remplacer l'habileté professionnelle; les juges ne s'y trompent pas, non plus que les amateurs appelés à devenir des clients.

Ce raisonnement ne put convaincre les tapissiers de Rouen, et seuls prirent part à l'Exposition ceux d'entre eux qui avaient fait l'installation d'un exposant. Admis eux-mêmes comme exposants dans un emplacement déjà payé, ils n'avaient à débourser que le montant du droit d'inscription et le prix d'un mètre de surface horizontale.

Toutefois, en présence de l'abstention signifiée tout d'abord, le Conseil ne crut pas devoir écarter plus longtemps, pour la décoration de la Salle des Fêtes, les propositions des tapissiers étrangers. « La Place Clichy » fut agréée comme offrant les conditions les plus avantageuses.

Projets divers. — Dans les dernières semaines avant l'ouverture de l'Exposition, de nombreux projets furent mis en avant.

Entre autres, un projet de garage pour bicyclettes. Un garage existait à Bordeaux, il avait donné de bons résultats financiers, ce qui permet de supposer qu'il répondait à un besoin. A Rouen, il ne put être établi, faute d'un emplacement de dimensions suffisantes dans le voisinage de l'entrée principale. L'installer au loin eût été le rendre inutile, ou à peu près. La tentative a d'ailleurs été faite, par un industriel, dans un hangar du passage de la Nitrière ; il ne paraît pas qu'il ait réussi.

De même encore, un salon où les dames auraient pu, en secret, réparer quelque désordre de toilette ou secouer la poussière... (ceci pour les cyclistes). Faute d'un emplacement convenable, le projet n'a pu être exécuté.

En revanche, une pièce fut spécialement aménagée pour servir de salle de travail aux membres de la Presse, et un bureau de poste et de télégraphe fut ouvert à l'intérieur de l'Exposition.

Ces installations secondaires témoignent d'un grand désir de rendre l'Exposition confortable. Par malheur, le temps nous a souvent manqué pour les étudier et les réaliser toutes.

On les prévoit longtemps à l'avance, mais elles apparaissent comme des détails de la dernière heure, alors que les grosses préoccupations seront écartées, et il se trouve qu'il y a toujours de grosses préoccupations.

Le Conseil qui doit décider est pris par d'autres soins ; l'architecte chargé de l'exécution est complètement absorbé par des travaux plus importants. Il est trop tard pour rien entreprendre.

Tarif des entrées. — S'il est une question qui paraît simple à résoudre, c'est celle du prix des entrées.

Par une sorte de tradition déjà ancienne, le tarif en est fixé à un franc, avec réduction de moitié pour les enfants et les militaires en uniforme. A certains jours, le prix est augmenté ou diminué, suivant qu'on veut éviter l'encombrement ou qu'on recherche la foule.

C'est ce tarif consacré par l'usage qui fut adopté ; il nous parut, en tous cas, que nous serions mal venus à tenter une augmentation, et la proposition ne nous en fut jamais faite.

Cependant, à l'exemple de plusieurs Expositions, il avait été décidé, au début, qu'un double ticket serait exigé pour l'entrée, le matin, entre neuf et dix heures. Il y fallut bientôt renoncer, comme, d'ailleurs, on y avait renoncé à Bordeaux.

Cette mesure est mauvaise en province.

A Paris, et notamment dans les Expositions de Beaux-Arts, il peut être avantageux d'offrir aux visiteurs un moyen d'échapper à la foule et à la poussière ; mais, en province, la foule est rarement encombrante pendant la semaine, et surtout le matin.

Le double ticket n'a donc pas d'utilité réelle pour les habitués, et il présente l'inconvénient de rebuter les étrangers qui, leurs affaires terminées, ont quelques instants à dépenser avant le départ des trains[1].

A peine avions-nous déclaré que nous nous conformerions à l'usage pour le prix des entrées, que notre tarif fut battu en brèche.

Une première proposition d'abord, une proposition radicale : ouvrir gratuitement l'Exposition à certains jours. A l'appui, il était allégué, entre autres raisons, que la Ville ayant donné une subvention, l'Exposition appartenait, dans une certaine mesure, à tous les habitants de Rouen. En réalité, les portes n'eussent dû être ouvertes qu'aux seuls contribuables ; mais la demande soulevait d'autres objections.

Les unes de fait. Il était facile de prévoir que, les jours d'entrée libre, l'Exposition serait envahie. Or, une foule compacte dans le dédale des vitrines se meut à la façon des glaciers comprimés entre les rochers. C'est une force aveugle et brutale qui avance mécaniquement, redoutable pour les obstacles, qu'elle finit par user et abattre. Il était donc certain que la masse en mouvement causerait des dégâts. Il était possible aussi qu'elle renfermât des éléments assez souples de gestes et de conscience pour tenter de dérober, en passant, quelque objet de prix. Dans l'un et l'autre cas, le Comité pouvait être rendu responsable, malgré les réserves inscrites au règlement et acceptées par les exposants. Avec raison, les exposants auraient pu soutenir que l'entrée libre n'est pas dans les traditions des Expositions, et qu'il eût fallu les prévenir, avant de demander leur signature, qu'une dérogation serait apportée aux usages.

Même au point de vue purement moral, l'entrée gratuite ne paraissait ni désirable ni désirée. Elle constitue une tolérance et non un droit ; or, s'il est un sentiment qui soit resté vivace en France,

1. Par contre nous avons été amenés, dans les dernières semaines, à réduire le prix des entrées pour la soirée comme il avait été fait à Bordeaux. Bien que nous ne puissions citer des chiffres à l'appui de notre opinion, cette mesure nous paraît avantageuse à la condition de ne pas être prématurée.

surtout chez les humbles, c'est l'amour-propre. Ceux qui travaillent ne trouvent pas digne de recevoir une aumône, même déguisée, et il n'est pas digne de la leur offrir, même sous la forme du superflu.

Le Comité général réuni déclara à deux reprises, les 3 mars et 2 octobre 1896, que les portes de l'Exposition ne devaient jamais être ouvertes gratuitement à la foule, mais qu'à certains jours le prix des entrées pourrait être réduit, de façon à permettre aux familles nombreuses d'en faire en groupe la visite, sans avoir à débourser une grosse somme [1].

S'il ne fut pas ouvert de large brèche à notre tarif, il s'y produisit de nombreuses fissures.

Nous rappelons à grands traits les décisions prises par le Conseil :

11 Février 1896. — Sur une demande de la Chambre syndicale des ouvriers mécaniciens, il est accordé à six de ses membres désignés des cartes d'entrée valables pour dix jours non consécutifs.

14 Avril. — Une réduction de 50 0/0 est consentie aux membres des Sociétés de tir, de gymnastique, des Orphéons et Fanfares, aux sapeurs-pompiers et aux sténographes qui se présenteront en corps, sous la conduite de leurs présidents et chefs, pour visiter l'Exposition.

21 Avril. — Des permis à validité restreinte pourront être délivrés soit aux membres de la Presse étrangère, soit aux personnes qui justifieront d'un titre à cette faveur.

Des cartes d'entrée, valables pendant la durée des concours temporaires, seront remises aux exposants qui y prendront part.

28 Avril. — Des entrées gratuites seront offertes aux commissaires délégués par la Municipalité pour accompagner à l'Exposition les Compagnies de pompiers qui prendront part au concours organisé par la Ville de Rouen.

19 Mai. — Des tickets d'entrée seront remis au Maire de Rouen, pour être distribués aux employés de la Mairie qui ont prêté leur concours pour organiser le banquet d'inauguration.

Il en sera remis également aux entrepreneurs pour ceux de

1. Deux fois le prix des entrées fut réduit à 0 fr. 50, et 0 fr. 25 pour les enfants et les militaires. Neuf fois, à partir du 26 juillet, il fut uniformément fixé à 0 fr. 25.

leurs ouvriers qui ont travaillé à l'Exposition depuis la première heure.

2 Juin. — Des tickets à demi-tarif seront tenus à la disposition des exposants et représentants d'exposants à l'Exposition ouvrière.

9 Juin. — Le prix des entrées sera réduit de moitié pour les élèves des écoles, lycées et collèges qui se présenteront en groupes sous la conduite de leurs maîtres.

15 Juin. — Il sera remis, chaque semaine, 200 tickets d'entrée à M. le Général commandant en chef le 3e corps d'armée, pour être distribués aux troupes de la garnison.

7 Juillet. — Les élèves de l'Ecole des enfants de troupe des Andelys, les orphelins, orphelines et enfants abandonnés du Grand-Quevilly et de Boisguillaume seront admis gratuitement.

Abonnements. — Quand une Exposition émet des bons auxquels sont attachés des tickets, elle prend, envers les porteurs, l'engagement sinon explicite, du moins moral, de ne pas percevoir le prix des entrées sous une autre forme.

Elle s'interdit ainsi de créer des abonnements.

Tel n'était pas notre cas; aussi nous avons pu constituer un noyau d'abonnés.

La carte d'entrée permanente est d'un usage vraiment pratique.

Alors que les étrangers s'attardent aux guichets où se vendent les tickets, les abonnés vont et viennent comme chez eux, en gens que rien n'arrête. Forts de leur droit, ils en arrivent même à considérer comme une vexation le regard timide que les contrôleurs cherchent parfois à glisser sur les photographies.

Au début, nous avions essayé d'astreindre, comme d'usage, les abonnés aux tourniquets, pour faciliter le contrôle, et aussi pour établir une statistique que nos successeurs, à la prochaine Exposition, eussent sans doute été heureux de consulter. Il y fallut renoncer devant un concert de lamentations et récriminations.

Le tourniquet, considéré par tous comme un obstacle au libre exercice d'un droit, était particulièrement maudit des dames. Ce mécanisme ingénieux ne respecte rien : il chiffonne les robes.

Pour donner satisfaction aux habitués, et peut-être un peu par lassitude, les tourniquets des abonnés furent enlevés et l'entrée principale complètement remaniée. Coût : 1,200 francs.

Le tarif des abonnements avait été calculé sur la base des prix pratiqués en 1884[1].

L'Exposition de 1884 avait duré quatre mois ; celle de 1896 devait être ouverte pendant cinq mois ; il était naturel de majorer d'un quart le prix des abonnements, ce qui fut fait mathématiquement pour les hommes. Les dames durent payer un peu plus ; par contre, rien n'était changé pour les enfants, et il fut créé une catégorie nouvelle à 10 fr., comprenant les jeunes gens de douze à dix-huit ans.

En définitive, le tarif fut ainsi fixé :

Hommes	25 francs.
Dames	20 —
Militaires en activité de service, institutrices et instituteurs publics	10 —
Jeunes gens de 12 à 18 ans	10 —
Enfants marchant seuls, et jusqu'à 12 ans.	5 —
Gens de service (sur la demande de leurs maîtres)	5 —

Quoi qu'on ait pu dire, les prix, en 1896, n'étaient pas proportionnellement plus élevés qu'en 1884, d'autant plus que les abonnements donnaient le droit d'entrer au Vieux-Rouen, tandis que pour le visiter les étrangers devaient payer la valeur d'un second ticket.

En même temps qu'il arrêtait le tarif, le Conseil affirmait sa volonté de le faire respecter. Pour prêcher d'exemple, chacun de ses membres prit un abonnement. Il nous parut, ce jour-là, que nous faisions quelque chose de méritoire et qui porterait ses fruits. Dans la suite il nous vint des doutes à ce sujet, et aussi quelque confusion en voyant de quel air les personnes, à qui nous annoncions le fait, répondaient : « Ça, c'est bien ».

Des cartes d'entrée, permanentes et gratuites, devaient être délivrées :

Aux exposants, à leurs représentants et au personnel attaché à leurs expositions [2] ;

1. 20 francs pour les hommes, 15 francs pour les dames, 5 francs pour les enfants de cinq à douze ans.

2. Une carte par exposant, une carte pour un représentant de son choix, des cartes de service en nombre variable pour son personnel. Ces cartes ne donnaient pas droit à l'entrée au Vieux-Rouen.

A tous les rédacteurs des grands journaux de Rouen, au vu d'une liste dressée par les directeurs ;

A tous les journaux de la Seine-Inférieure, une carte nominative par journal ;

Aux membres du Comité de l'Exposition Ouvrière.

Cette décision prise, nous ne pensions certes pas être à l'abri de toute réclamation, mais nous pouvions nous croire suffisamment armés pour la défense.

Des réclamations, il en vint, et beaucoup. Nous vivons dans un temps où chacun se croit quelque droit à tout obtenir sans bourse délier. Est-ce par esprit d'économie, par simple désir de se distinguer du voisin, de celui qui, sans titre ni mérite, est obligé de payer pour être admis ? Il n'importe, le fait est certain.

Les modestes ne demandent pas une exonération totale, ils se contentent de solliciter une réduction.

Dans cet ordre d'idées, le Conseil prit successivement les décisions suivantes :

31 Mars 1896. — Pour les étudiants régulièrement inscrits, le prix de l'abonnement sera de 10 francs.

14 Avril. — Les élèves des lycées, quand ils auront dépassé l'âge de dix-huit ans, seront assimilés aux étudiants et recevront des abonnements à 10 francs.

21 Avril. — L'abonnement à 10 francs sera accordé aux instituteurs honoraires et aux élèves de l'Ecole de notariat.

28 Avril. — La réduction à 10 francs sera consentie, sur la demande des chefs de famille abonnés, en faveur de tous les enfants non mariés qui vivent sous leur toit, sans limite d'âge.

Cette dernière décision ne fut prise qu'après une longue discussion. Le Conseil avait été saisi par une pétition habilement motivée et fortement recommandée à sa bienveillante attention.

Comment ne pas éprouver quelque sympathie pour un père de famille qui, à lui seul, détache plusieurs feuillets du livre d'abonnements ? Son sort est, à coup sûr, digne d'intérêt, et il ne se trouva personne pour le contester.

Mais, à côté des familles nombreuses, il y en a d'autres plutôt étriquées. Celles-là ne sont pas les moins unies. Aussi longtemps que le mariage les épargne, les enfants vivent sous le toit paternel.

Il est difficile d'admettre que des fils, ou même des filles, de quarante ans, soient une charge matérielle pour les parents, et cependant, si peu intéressant que soit leur cas, le règlement devait les prendre, eux aussi, sous sa protection. Encore une fois le troublant problème se posait entre le désir de faire une bonne œuvre et la crainte d'accorder des faveurs imméritées.

Nous l'avons résolu dans l'esprit le plus large par considération pour les pères de famille dignes d'intérêt. Les autres, par conscience, ont peut-être renoncé à bénéficier du règlement ; toutefois, nous n'en sommes pas certains.

Plus tard la même réduction fut accordée aux employés nourris et logés chez leur patron ; dans ces simili-familles la mesure avait pour but de permettre aux patrons d'offrir l'abonnement à leurs employés.

12 Mai. — Les élèves de l'Ecole régionale des Beaux-Arts seront assimilés aux étudiants et admis à souscrire des abonnements à 10 fr.

26 Mai. — A la demande de l'Administration municipale, des abonnements à prix réduit (10 fr.) seront accordés aux fonctionnaires de la Ville, du Département et de l'Etat.

A l'appui de sa demande, l'Administration faisait valoir la situation modeste des petits employés et les avantages qu'ils pourraient trouver à l'étude suivie de cette grande leçon de choses qu'est une Exposition.

Le Conseil ne pouvait que s'incliner devant de sages raisons ; il le fit de bonne grâce ; mais, faute de définir le terme « petits employés », il s'ensuivit que certains, parmi les grands, franchirent la porte ouverte aux petits, en se baissant un peu.

28 Juillet. — A partir du 1er août, il sera créé des abonnements de vacances, donnant droit à l'entrée jusqu'à la fermeture de l'Exposition, moyennant le prix uniforme de 10 francs, pour les hommes et les dames, les autres prix du tarif ne devant pas être changés [1].

1. A Bordeaux, en 1895, la *Société Philomathique* avait été très stricte et avait rigoureusement limité aux seuls officiers et militaires, ainsi qu'aux étudiants régulièrement inscrits sur les registres des Facultés, les abonnements à demi-tarif. Le personnel des exposants était lui-même soumis à l'abonnement, abonnement à prix réduit, il est vrai. L'expérience nous a appris que cet exemple eût été bon à suivre.

Les abonnements devaient être délivrés dans les bureaux de l'Administration, au Champ-de-Mars.

Ils étaient extraits de livres à souche, puis collés au dos de la photographie des titulaires[1]; la couleur variait suivant la catégorie.

Dispositions analogues pour les cartes d'exposants et de représentants.

Il était à prévoir qu'au moment de l'ouverture de l'Exposition la confection et la remise en deviendraient laborieuses, si exposants et abonnés se présentaient en masse. Pour éviter l'encombrement, il fut annoncé dans les journaux que les abonnements seraient délivrés dès le 1er avril.

Voici les résultats obtenus :

Au 1er mai, le nombre des abonnements délivrés s'élevait à 429 ; il était de 2,741 au 15 mai, de 7,567 au 31 mai et de 9,250 au 15 juin.

Dans la seconde quinzaine de mai il a donc été confectionné dans les petits bureaux de la Maison Normande **4,826** cartes d'abonnés, la plupart du 15 au 20.

Le public s'entassait aux portes, s'écrasait dans les couloirs; les exposants qui n'avaient pu venir avant l'ouverture augmentaient encore la foule et le désordre.

L'expérience nous a prouvé qu'en pareil cas il est sage de ne pas trop compter sur autrui. Il eût mieux valu ouvrir un grand nombre de guichets et préparer, pour les abonnements, des livres à souche permettant à plusieurs employés de s'occuper d'une même catégorie sans que des irrégularités d'écriture fussent à craindre.

Entrées permanentes et gratuites. — En général un effort est proportionné au résultat à obtenir. Il y a cependant des exceptions. Ainsi, pour une Exposition, il n'en coûte pas plus de demander une carte permanente qu'une simple entrée. Comme la carte permanente est incomparablement plus avantageuse, c'est surtout vers elle que tendent les convoitises.

1. Le Conseil avait songé à attacher à l'Exposition un photographe qui aurait eu le monopole des cartes, mais il y fallut renoncer. La mesure était désapprouvée, aussi bien par les photographes de la ville, dont quelques-uns, pour s'attirer des clients, proposaient de faire gratuitement les photographies, que par ceux des intéressés qui possédaient déjà leur photographie, œuvres d'amateurs pour la plupart. Nous n'avions pas exigé une ressemblance garantie.

Les quémandeurs ont toujours des titres à faire valoir, parfois assez vagues.

La presse est une mine fort exploitée. Les journaux doivent être bien informés, à en juger par le nombre des correspondants. A Rouen ils paraissent être légion.

Les demandes mentionnaient des feuilles inconnues dont on n'a l'occasion de rencontrer le nom qu'en feuilletant l'Annuaire de la Presse.

Le Conseil avait décidé de n'accorder d'entrées permanentes qu'aux seuls journaux de Rouen et de la Seine-Inférieure. Il y eut quelques exceptions, d'ailleurs justifiées; mais en se retranchant derrière une décision aussi nette, il fut possible de repousser les attaques imprévues qui n'étaient pas les moins vives.

Parmi les demandes accueillies en dehors de la presse, il est intéressant de citer :

Le Directeur et huit fonctionnaires des Contributions indirectes ;

Le Directeur et deux Inspecteurs de l'Enregistrement ;

Le Directeur et huit employés du service des Douanes ;

Le Directeur et deux fonctionnaires des Postes et Télégraphes ;

Un Inspecteur des Contributions directes ;

Un Inspecteur et deux employés de l'Octroi ;

Un contrôleur des Musées ;

Deux contrôleurs du Droit des pauvres.

Toutes ces Administrations avaient une surveillance à exercer sur l'Exposition.

Chaises. — C'est un usage constant dans les jardins publics de mettre, moyennant une faible redevance, des chaises à la disposition des promeneurs. A l'Exposition, la mesure était indispensable, surtout à l'heure des concerts, les bancs placés dans les allées par les exposants restant d'ailleurs à la libre disposition des visiteurs.

Le Conseil traita pour les chaises avec le concessionnaire de la Ville.

Pendant l'été, la perception se fit sans difficulté dans le jardin.

Le mauvais temps vint. Pour ne pas interrompre les concerts, on résolut de les donner, surtout le soir, dans la Salle des Fêtes.

La Salle des Fêtes, préparée pour les festivals, était garnie de sièges. Quand le concessionnaire, dûment autorisé par le Conseil, voulut percevoir, comme d'habitude, dix centimes par place, il se heurta à la mauvaise volonté d'une partie du public.

Il y eut, dès le premier soir, des refus à effet.

« Un Monsieur très bien, dit un rapport adressé au Conseil, a déclaré qu'il se refusait à payer et qu'il ne quitterait pas sa chaise. »

Le Monsieur « très bien (?) » a dû tenir ce raisonnement : Le siège que j'occupe n'appartient pas au concessionnaire des chaises, donc j'ai le droit de m'y installer comme je l'entends, sans qu'il ait rien à y voir.

La majorité des assistants, plus scrupuleuse, jugea bon de payer, estimant, avec raison, que le concessionnaire agissait au nom de l'Exposition en percevant une location, quelle que fût la provenance du matériel.

Il est utile de signaler cette difficulté facile à éviter dans l'avenir.

Il n'en résulta pas de complications en 1896, le personnel ayant reçu du concessionnaire l'ordre de se montrer conciliant : le Monsieur « très bien » put conserver sa place et ses deux sous.

PHOTOGRAPHES. — Le Conseil avait reçu du Comité la double mission d'engager des dépenses et de les équilibrer par des recettes ; il était donc naturel de chercher des éléments de perception.

Dans la séance du 25 février 1896, il fut décidé que les photographes devraient payer une redevance pour prendre des vues de l'Exposition.

La mesure n'était pas vexatoire. Le Comité, par l'article 4 du Règlement général, avait pris l'engagement de ne pas laisser reproduire par un procédé quelconque les objets exposés sans une autorisation écrite du propriétaire. Il s'était, de plus, réservé la faculté d'autoriser la reproduction des vues d'ensemble.

Les photographes devaient donc, dans tous les cas, se munir d'une autorisation, et il semblait naturel d'en profiter pour prélever un léger impôt sur le plaisir des amateurs.

Quand il s'agit de passer à l'application, on mesura une fois de plus la distance qui sépare la coupe des lèvres.

Les photographes, autrefois, ne pouvaient passer inaperçus; ils devaient se faire suivre d'un attirail compliqué; le choix de la station exigeait des marches et des contremarches, et la mise au point tout un cérémonial.

Aujourd'hui la photographie mise à la portée des voyageurs est un art discret. Rien ne révèle l'amateur en quête d'un sujet. L'appareil se cache dans une poche, il en sort tout préparé ; un coup d'œil, un geste, et l'image est fixée au passage. L'appareil a disparu.

Dans ces conditions, la perception de la taxe était subordonnée, soit à la déclaration des photographes eux-mêmes, soit au succès de perquisitions à pratiquer sur les visiteurs. Il parut également délicat de fouiller les consciences ou les vêtements : le projet fut abandonné.

Congrès. — Dans le programme du concours ouvert entre les architectes, il avait été fait une mention spéciale de la Salle des Fêtes.

Dans l'esprit du Conseil elle n'était pas destinée seulement aux concerts et festivals, elle devait encore être mise à la disposition des congrès qui seraient tenus à Rouen en 1896. Il était donc nécessaire qu'elle fût élégante et de vastes dimensions, comme il convient pour les hôtes d'une grande ville.

En faisant d'ailleurs abstraction de cette obligation morale, il est d'une bonne politique pour une Exposition d'offrir une hospitalité de quelques heures aux étrangers qui la sollicitent, de les accueillir toujours, alors même qu'ils entrent par faveur, et de les traiter avec égards, de façon qu'ils conservent une bonne impression de leur court passage. Ils reviennent en visiteurs.

On n'en saurait dire autant des étrangers reçus hors de l'Exposition.

Nous en avons acquis l'expérience.

La Ville de Rouen avait préparé de grandes fêtes pour 1896, des fêtes destinées à attirer les curieux en foule. Le succès en fut considérable. Il ne paraît pas cependant que les recettes de l'Exposition en aient profité comme la Municipalité l'espérait. Les fêtes se donnaient au dehors, le spectacle était dans les rues, sur les places publiques; la foule s'y entassait. Rassasiés de bruit et de mouvement, brisés de fatigue, les étrangers reprenaient le train sans être descendus au Champ-de-Mars.

Avec les membres des congrès, il n'en est pas de même; leurs plaisirs sont plus calmes; ils ont besoin, au sortir des séances, de se détendre l'esprit, en l'amusant, mais sans le fatiguer. La visite de l'Exposition leur en donne les moyens.

Dès la fin de 1894, celles des Sociétés de la ville qui sont la manifestation locale d'un mouvement plus étendu s'occupaient de réunir à Rouen, en 1896, leur congrès annuel, à l'occasion de l'Exposition.

Quelques-unes s'adressèrent au Conseil pour en obtenir une subvention. Le Conseil, intéressé à leur succès, eût peut-être répondu favorablement, si l'une des premières demandes n'avait amené des tiraillements entre Sociétés rivales. Un danger apparaissait. Il fut décidé que l'Exposition devait rester neutre, hospitalière à tous, mais dégagée de tout lien direct.

Personne donc ne reçut de subvention, et la Salle des Fêtes fut largement ouverte à qui en demandait l'entrée.

Service médical. — Plusieurs médecins de la ville s'étaient offerts pour assurer le service médical de l'Exposition.

Le choix entre eux devenait délicat. Une adjudication au rabais était inadmissible, et le Conseil n'avait pas qualité pour prononcer sur le mérite et les titres des candidats.

Il parut que la meilleure des solutions consistait à prier la Société de Médecine d'organiser elle-même le service comme elle l'entendrait. La demande fut accueillie très gracieusement. Une vingtaine de médecins acceptèrent, sans autre rémunération qu'une carte d'entrée, de prendre leur tour de garde à l'Exposition, dans l'après-midi et la soirée, aux heures où le public afflue.

Une sonnerie du gros bourdon exposé au Vieux-Rouen prévenait le médecin que ses soins étaient réclamés, tandis qu'on transportait le blessé dans l'une des tentes de l'Exposition de la Croix Rouge Française, spécialement aménagée pour recevoir les malades.

Le service médical prit fin dans les derniers jours de septembre ; le nombre des accidents n'en parut pas augmenté.

Jury. — Nous avons terminé l'examen des rouages de la lourde machine qu'il s'agissait de mettre en mouvement ; ils ont été, à dessein, présentés sans ordre, comme nous les avons reçus pour le montage.

Avant de raconter comment la machine a fonctionné, il reste à décrire l'un des outils qu'elle devait conduire pour produire un travail utile.

Il s'agit du Jury, et, par extension, des Jurys d'Exposition en général. Aux termes du règlement, les œuvres et produits de toute nature figurant à l'Exposition devaient, en principe, être soumis à l'examen d'un Jury compétent.

Pouvaient se porter *Hors Concours*, pour des œuvres et des produits déjà récompensés, ceux des exposants qui avaient obtenu : un grand prix, un diplôme d'honneur ou une médaille d'or aux Expositions universelles de Paris, ou bien un grand prix ou un diplôme d'honneur, soit à Lyon en 1894, soit à Bordeaux en 1895, soit à Anvers, soit à Amsterdam.

Etaient exclus du concours, dans la classe où ils avaient à opérer, les Membres du Jury. Cette catégorie figurait sous la rubrique : *Hors de Concours*.

Enfin, tous les exposants avaient le droit de demander à ne pas être examinés par le Jury, mais à la condition de faire une déclaration écrite dès l'ouverture de l'Exposition. Ceux-là étaient inscrits : *Sans Concours*.

Il nous parut utile de caractériser chacune des catégories de dispensés de façon à édifier le public sur la raison de l'abstention.

Le « Hors Concours » doit être considéré comme un véritable titre dont seuls peuvent se prévaloir les exposants titulaires de hautes récompenses.

Le Jury fut constitué à deux degrés.

La base de notre classification était le groupe. Comme nombre et compétence, les membres des Jurys furent désignés en vue des classes et de leurs éléments; mais la liste des récompenses proposées dans chaque classe devait être portée devant le Jury du groupe tout entier, seul compétent pour l'arrêter.

Les propositions étaient ensuite soumises au Jury supérieur chargé de les sanctionner et de dresser le palmarès des récompenses. Le Jury supérieur, formé de la réunion des Présidents et Secrétaires Rapporteurs des groupes, et des Membres du Conseil supérieur de l'Exposition, avait moins pour mission de réviser tous les jugements rendus que de réparer les oublis ou les erreurs de transcription et de trancher les difficultés soulevées. Il lui appartenait aussi de coordonner les travaux des divers groupes.

Un journal [1] a prétendu qu'en général le fonctionnement des Jurys

1. Le *Bulletin agricole*. — Edition spéciale à l'Exposition de Rouen.

supérieurs est imparfait. Il est d'usage que le travail du premier Jury soit tenu secret ; les exposants n'en peuvent avoir connaissance que par des indiscrétions. Cependant, pour que le Jury supérieur puisse remplir complètement sa mission et réparer les oublis et les erreurs, il est nécessaire que les intéressés soient admis à lui soumettre leurs réclamations ; il faut pour cela que les récompenses décernées par le Jury du premier degré soient connues du public.

L'observation est juste. Nul doute que la tâche du Jury supérieur en soit singulièrement augmentée. Il ne sera pas seulement sollicité par les victimes d'une erreur ou d'un oubli ; tous les mécontents s'adresseront à lui. Mais dût-il tenir des séances laborieuses, cette solution encombrante ne doit pas être rejetée sans examen.

La chose jugée en recevrait une autorité plus grande, et les Bureaux de l'Exposition ne seraient pas assaillis plus tard de protestations, parfois embarrassantes, quand elles sont basées sur des erreurs manifestes. L'équité commande, alors, d'accorder une réparation ; mais, en l'absence de tout jury régulièrement constitué, il est difficile d'arriver à une sanction légale ; l'intervention d'une personne seule, fût-elle par ses fonctions à l'abri de toute suspicion, n'en constitue pas moins un acte arbitraire. Si les exposants pouvaient saisir à temps le Jury supérieur de leurs réclamations, l'inconvénient signalé disparaîtrait et le palmarès serait arrêté *ne varietur*.

Mais il en résulterait certainement un retard.

Après le passage du premier Jury, et avant la réunion du Jury supérieur, il faudrait, en effet, donner avis des récompenses aux intéressés et attendre les réclamations. Or, le Jury du premier degré ne peut guère fonctionner que deux mois après l'ouverture de l'Exposition, car les exposants ne sont pas rares qui mettent plus de six semaines à s'installer. La liste des récompenses ne deviendrait donc officielle qu'après trois mois et demi ou quatre mois, alors que la grande majorité des visiteurs serait passée.

Or, les exposants tiennent, avec raison, à mettre en vedette sur leurs vitrines la récompense obtenue, quand elle leur convient. C'est le témoignage authentique (la fraude sur place est impossible) d'un succès récent. Double garantie offerte aux clients.

Les récompenses décernées consistaient en :

Diplômes de grand prix ;

Diplômes d'honneur ;
Diplômes de médaille d'or ;
Diplômes de médaille d'argent ;
Diplômes de médaille de bronze ;
Mentions honorables.

Les diplômes étaient accompagnés d'une médaille commémorative en bronze[1].

Pour coordonner les travaux des divers Jurys du premier degré, il avait été décidé que les exposants ne seraient pas proposés simplement pour une récompense, mais qu'il leur serait attribué une note prise sur une échelle commune à tous les groupes.

L'échelle adoptée était la même dont le Jury de Bordeaux avait déjà fait usage :

0	rien ;
De 1 à 4	Mention honorable ;
De 5 à 9	Médaille de bronze ;
De 10 à 14	Médaille d'argent ;
De 15 à 19	Médaille d'or ;
De 20 à 24	Diplôme d'honneur ;
De 25 à 30	Diplôme de grand prix.

Les notes offrent l'avantage d'établir dans chaque catégorie un classement et de permettre au Jury supérieur, s'il se trouve un groupe où les jurés ont été particulièrement parcimonieux, de relever en pleine connaissance de cause les récompenses des exposants les plus méritants.

Une échelle réduite de 0 à 30 points, peut pour certaines classes, ne pas présenter assez de degrés. Dans l'enseignement, par exemple, où les travaux, dérivant d'une même méthode et visant à des buts identiquement les mêmes, se différencient par des nuances. Mais, en général, la marge est suffisante.

Il y aurait un intérêt réel à adopter partout le classement à l'aide de notes. La méthode a été appliquée dans des conditions identiques à Bordeaux et à Rouen ; il est certain, ainsi, que les travaux des deux Jurys sont comparables et que les récompenses ont la même valeur, qu'elles aient été décernées en Normandie ou dans la Gironde. Si la

1. Par décision gracieuse, les médailles commémoratives remises aux titulaires des trois premières catégories de récompenses étaient en bronze argenté.

méthode se généralise, il en sera de même pour toutes les Expositions, et les décisions du Jury auront une signification précise, familière aux exposants, et que le public à son tour ne tardera pas à connaître.

Un mode uniforme de procéder n'est pas désirable à ce seul point de vue ; il devrait embrasser tout ce qui, dans les Expositions, se rattache aux opérations du Jury.

Les récompenses ont une réelle importance commerciale ; elles représentent un actif. Pour s'en convaincre, il suffit de jeter les yeux sur les en-tête et manchettes du papier à lettres et des prospectus ; les médailles s'y alignent en rangs pressés sous leurs deux faces[1].

Ce qui le prouve mieux encore, c'est le succès des Expositions particulières organisées dans nombre de villes par des entrepreneurs spécialistes uniquement préoccupés de leur profit personnel. On les connaît en général sous le nom d'Académies-Expositions. Le titre n'a pas été choisi, comme on serait tenté de le croire, pour prévenir loyalement le public qu'il ne s'agit pas de véritables Expositions. Il a une tout autre portée, et fait honneur à l'imagination de l'inventeur.

A côté des récompenses ordinaires dont les Jurys sont les dispensateurs, il en est d'autres qui ne sont pas moins recherchées des exposants : dans le nombre, les palmes académiques et la croix de la Légion d'honneur. Là, le Jury propose, mais le Gouvernement dispose.

Il va sans dire que dans les Académies-Expositions les Jurys ne sont constitués que pour la forme ; il n'est donc pas fait de propositions.

Il faut cependant donner toutes satisfactions aux exposants disposés à les bien payer. A la rigueur, il est possible de distribuer des croix ; il en est de bien des natures. Elles sont décernées sous le nom de croix du mérite, ce qui semble un emprunt fait aux écoles enfantines. Quant aux palmes, pour qu'elles soient académiques, il faut qu'elles viennent d'une Académie ; de là le titre un peu trou-

1. Un jugement du Tribunal correctionnel de la Seine, rendu en avril 1898, reconnait au cessionnaire d'une maison de commerce le droit de se prévaloir des récompenses obtenues dans les Expositions par son prédécesseur.

Le Tribunal a ainsi établi que les récompenses constituent réellement un actif, et affirmé que cet actif est cessible, ce qui nous paraît pourtant discutable.

blant d' « Académies-Expositions » adopté par les organisateurs [1].

Il n'est pas besoin d'un autre argument pour démontrer l'importance que le commerce atache aux récompenses. La concurrence des Académies-Expositions et d'autant plus dangereuse que les distinctions y sont données au plus juste prix. Les exposants n'ont pas de frais inutiles. Ils se contentent de payer leur emplacement et leurs diplômes, l'envoi des produits et leur installation n'étant pas indispensables.

Au mois de février 1896, l'attention du Conseil avait été appelée sur ce danger. Sans être prophète, il est possible de prévoir longtemps à l'avance que le Jury fera des mécontents [2], et qu'il se trouvera, au moment opportun, des ramasseurs d'épaves. Ils opèrent après chaque Exposition de façon à profiter du millésime pour établir une confusion.

Malheureusement, le Conseil se sentait impuissant à réagir par ses seuls efforts là où la Chambre de Commerce d'Amiens avait échoué quelques années auparavant.

Il fut fait appel à l'autorité de M. le Maire de Rouen. La précaution ne fut pas inutile ; elle ne fut pas efficace. Dès le mois de septembre, des affiches étaient apposées sur les murs de la ville pour annoncer l'ouverture de l'Exposition Internationale de Rouen 1896, et, malgré tout, le Salon des Refusés tint ses assises. Les entraves apportées par l'Administration n'eurent d'autre effet que de permettre aux organisateurs de réduire encore leurs frais.

Pour déraciner l'abus et pour donner aux récompenses toute leur valeur, il faudrait une organisation légale des Expositions et des Jurys.

Ce serait d'ailleurs le seul moyen de résoudre une fois pour toutes les difficultés, toujours les mêmes, qui se posent devant chaque

1. Il n'est pas rare de voir du papier commercial décoré de la croix du mérite ou des palmes; il arrive même que les industriels ainsi affublés soient de bonne foi. L'un d'eux nous a écrit : « Comment ! une médaille de bronze à moi qui, à l'Exposition » de....., ait remporté un diplôme d'honneur et la croix, d'un seul coup. »

2. Les mécontents se rangent en deux catégories. Les uns sont des jaloux irrités du succès du voisin. Les autres, de bonne foi, se font illusion sur le mérite de leurs produits qu'ils jugent, non au point de vue de la valeur intrinsèque, mais d'après la somme d'efforts ou d'imagination qu'ils représentent. Envieux et incompris sont également intraitables, par amour-propre ou conviction.

Jury, à chaque Exposition, et reçoivent des solutions différentes bien faites pour déconcerter.

S'il était possible, par exemple, d'adopter partout les mêmes groupements généraux, en laissant chacune des Expositions libre de la subdivision en classes, on arriverait tout d'abord à cette notion simple que les récompenses sont seulement comparables par groupe. On n'entendrait plus alors exprimer l'opinion courante qu'il est choquant de voir attribuer les mêmes distinctions à des hommes de mérites bien différents : ceux qui créent, ceux qui vulgarisent et ceux qui se contentent de tirer profit des inventions d'autrui ou des produits naturels du sol.

D'autre part, les Expositions ne devraient pas être considérées comme des concours limités aux seuls exposants.

Les membres du Jury sont souvent portés à croire qu'ils ont à établir un classement pour attribuer la plus haute récompense au meilleur des produits examinés. C'est une erreur qui a pour résultat de faire perdre la notion de la valeur exacte des récompenses; erreur commune surtout dans les très petites Expositions où les choses s'arrangent « en famille ». Le public le devine ; aussi, pour chercher la vérité, il est amené à établir entre les Expositions elles-mêmes un classement qu'il base d'ailleurs bien plus sur les apparences que sur le fond. La foule, le bruit, la réclame s'imposent comme pierres de touche ; il ne s'enquiert pas davantage.

Les Jurys devraient avoir une règle et une tradition. Les produits exposés ne devraient pas être considérés isolément, mais comparés aux produits similaires de marque connue, déjà cotés à d'autres Expositions. Les récompenses décernées auraient alors une valeur identique, quelle que soit leur origine. Certains Jurys paraissent être entrés dans cette voie; ceux, entre autres, qui dégustent les vins. Les crus sont cotés et classés par régions, et les nouveaux venus prennent dans la série la place convenable, qu'ils se trouvent, ou non, en présence de leurs concurrents.

Du reste, nombre de grandes maisons se préoccupent de la question des récompenses; pour barrer la route aux intrigants, elles figurent à toutes les Expositions et restent sur les rangs, bien qu'elles aient tous droits à se mettre hors concours. Elles forment ainsi des points de comparaison qui s'imposent aux juges. La tactique est bonne.

Il est bien d'autres questions encore qu'une organisation méthodique des Jurys permettrait seule de résoudre avec équité.

Le problème des récompenses ne se pose pas, en général, d'une façon simple. Trois facteurs entrent en ligne, dont le Jury ne peut faire abstraction : le mérite personnel de l'exposant, la valeur intrinsèque du produit exposé, l'intérêt du visiteur considéré comme un acheteur éventuel.

Il en résulte des cas embarrassants dont il est facile de donner des exemples.

En concurrence avec des machines d'un type ancien, aussi perfectionné qu'il est possible et éprouvé par de longs services, un ingénieur présente un appareil construit d'après des principes absolument nouveaux. L'appareil d'essai fonctionne à merveille ; le mécanisme en est séduisant et dénote chez l'inventeur un rare esprit d'ingéniosité, mais il n'a pas la sanction d'une marche industrielle. Que doit faire le Jury ? Doit-il prononcer sur la valeur scientifique de l'invention, d'après les expériences de laboratoire, et attribuer une haute récompense ? Il court le risque, dans le cas où la pratique industrielle ne confirmerait pas absolument les prévisions, d'induire en erreur le public, l'industriel qui demain achètera, confiant dans la compétence des juges et séduit par les termes d'un jugement flatteur. Le Jury doit-il, au contraire, réserver l'avenir et ne décerner qu'une récompense modeste à une machine qui n'a pas fait ses preuves ? Dans ce cas il ne rend pas justice au mérite d'un inventeur qui est reconnu hors de pair.

Il semble qu'il puisse tourner la difficulté en établissant une distinction entre le constructeur et son œuvre jugés séparément. Mais une pareille décision, pour être appréciée du public, devrait être l'application d'une règle constante commune à toutes les Expositions.

Un autre exemple. Le chocolat tient une grande place dans l'alimentation. Supposons deux industriels en présence ; l'un d'eux, qui vise la clientèle riche, expose un produit superfin d'un prix élevé ; l'autre, qui travaille pour les petites bourses, présente un chocolat nourrissant de bonne qualité et à bon marché. Que doit faire le Jury ? Incontestablement, s'il n'est tenu compte que de la valeur intrinsèque des produits, le premier industriel recevra la plus haute récompense. Mais le prix de vente ne doit-il pas être pris en considération? Les deux industries ne sont-elles pas également intéressantes, chacune dans sa spécialité? Egalement utiles pour le consommateur? Egalement difficiles en raison de la nécessité, pour l'un de faire très bien, pour l'autre de calculer strictement le prix de revient? Là encore il faudrait une règle fixe.

Il est des cas où le problème se simplifie, où l'un des trois termes s'efface; mais la solution n'en devient pas nécessairement plus aisée.

L'exposition des produits du sol en fournit un exemple. S'il est vrai que dans un terrain déterminé la récolte soit bien différente, comme quantité et qualité, suivant l'habileté professionnelle du cultivateur, il n'est pas moins certain que le savoir-faire est impuissant à réformer la nature quand elle imprime à ses productions une marque particulière indélébile. Le rôle de l'homme est alors bien effacé; les produits valent surtout par leur origine. C'est le cas de la vigne, quand les chimistes n'interviennent pas. Les experts doivent se borner à dresser une liste par ordre de mérite des différents crus, avec cette réserve que seuls les crus d'une même région soient comparés entre eux. D'une région à l'autre il y a des différences profondes dont le goût du consommateur reste le souverain juge.

En art, le problème est encore simplifié : les œuvres seules doivent être comptées. Le jugement est difficile cependant, car il ne résulte pas seulement de l'expérience, du raisonnement ou de l'éducation d'un sens. Il est dicté surtout par l'imagination et le sentiment, bien qu'en peinture et en sculpture la pensée ne puisse être traduite qu'à l'aide d'images empruntées à la nature et familières aux yeux. Or, si les sens, qui sont des instruments, sont semblables, à la sensibilité près, chez tous les hommes, si la faculté du raisonnement leur est commune, il n'en est pas de même de l'imagination et du sentiment, deux forces naturelles dont l'intensité et l'orientation diffèrent d'un être à l'autre. Les juges n'ont donc pas à tenir compte du public, pas plus que de la personnalité des artistes. Dans la pratique, font-ils abstraction complète de l'opinion, et l'autorité acquise par un peintre ou un sculpteur ne pèse-t-elle pas toujours, par la suite, dans la balance? Il n'importe. L'exemple, d'ailleurs, n'est cité que pour mémoire. En matière de Jurys d'art, il existe des règles constantes et une tradition résumée dans cet axiome : Les Expositions de Beaux-Arts, en province, sont sans importance[1].

Il arrive encore que le Jury, faute d'une règle précise, se trouve dans l'embarras. Les Expositions n'admettent pas que des producteurs dans leurs galeries; il s'y présente des commerçants qui, sans être industriels, ont une grande situation comme intermédiaires et vulgarisateurs. Certains articles sont fabriqués pour eux seuls et à leur instigation. Ces commerçants occupent donc, en marge de l'industrie, une place importante. Doivent-ils rester ignorés du Jury ou faut-il les récompenser, et dans quelle mesure ? A chaque Exposition, la question se présente ; il y a des arguments pour, il y en a contre ; la solution dépend de l'habileté des avocats. Mieux vaudrait une règle uniforme.

Un autre point. Certains Jurys considèrent qu'un exposant ne doit pas rétrograder comme récompenses. Avant de prononcer ils s'enquièrent des précédents et décernent une récompense au moins équivalente à celles qui ont été obtenues auparavant. Cet usage soulève deux critiques, l'une de droit, l'autre de fait. Les Expositions sont des concours et l'échelle des récompenses est limitée. Déclarer qu'un exposant ne doit pas être descendu au-dessous du niveau auquel il a été une fois porté, c'est admettre qu'il ne peut déchoir, soit réellement, soit par comparaison avec ses concurrents les plus hauts placés. Il ne faut pas oublier, en effet, que dans la marche vers le progrès, qui n'avance pas recule. L'usage n'est donc pas équitable.

En fait, quand les membres d'un Jury se reportent aux récompenses antérieures, ils ne peuvent les admettre pour leur valeur nominale. Une médaille d'or a une toute autre importance à Paris, à l'occasion d'une Exposition Universelle, qu'en province dans une Exposition Régionale. Il est donc nécessaire de commencer par

1. La province aurait un moyen pratique de protester contre un dédain souvent immérité.

Les grandes villes, qui se mettent en frais pour organiser des Salons, devraient, quand elles ont des travaux à commander, n'admettre au concours que les seuls artistes titulaires de récompenses obtenues chez elles.

Leurs Expositions prendraient bien vite de l'importance.

établir une échelle des Expositions, et ce travail, sans bases précises, est nécessairement arbitraire.

Une question encore, du même ordre.

Tous les règlements d'Expositions portent que les Jurys seront chargés d'apprécier, à la demande des exposants, la part que les directeurs, artistes, artisans et ouvriers peuvent avoir dans les progrès constatés, et, s'il y a lieu, de les comprendre, à titre de collaborateurs, dans la liste des récompenses.

Dans l'esprit de certains exposants, il s'établit une confusion entre la médaille du travail, réservée aux vieux serviteurs, et les médailles de collaborateurs, destinées à récompenser les services rendus à l'industrie plutôt qu'à l'industriel lui-même.

D'autres trouvent l'occasion excellente pour témoigner, à bon compte et sans longues démarches, un touchant intérêt à leur personnel.

Les Jurys ne remettent pas toujours les choses au point ; il en résulte des abus que, seul, un règlement pourrait faire disparaître.

Ces exemples variés suffisent à montrer quelles difficultés rencontrent les membres d'un Jury dans l'accomplissement de leur mission. Le bon sens et la conscience sont parfois impuissants à en triompher, parce que les problèmes ne se posent pas toujours nettement. Il se présente des cas où plusieurs solutions paraissent également équitables. Il est alors permis aux juges d'hésiter, et nous ne devons pas nous étonner, quand ils ont choisi l'une d'elles, de les trouver en désaccord avec leurs prédécesseurs.

A voir les erreurs et les discordances qui se produisent fatalement, il est permis de se demander si les récompenses ont réellement une valeur et si les Jurys sont vraiment utiles. Ne vaudrait-il pas mieux les supprimer et laisser le public souverain juge ?

Il est peu probable, pour beaucoup de raisons, que cette solution soit admise un jour ; mais il est possible d'améliorer l'institution des Jurys en la soumettant à des règles précises.

Le but à atteindre est de donner aux récompenses une signification réelle, indiscutable, d'en faire, en quelque sorte, une monnaie conventionnelle qui représente la valeur des produits soumis aux Jurys. Or, le caractère essentiel d'une monnaie est d'avoir un cours et d'être admise par tous, ce qui oblige à entourer son émission de toutes garanties.

Comme il est à désirer que les récompenses décernées dans les Expositions françaises puissent servir de réclame commerciale dans toute la France, il faut donner à la garantie un caractère général et la demander à une intervention des Pouvoirs publics.

Le contrôle s'exercerait, notamment, sur les points suivants :

Ne pourraient décerner de récompenses que les Expositions autorisées par un décret.

Pour chaque Exposition, il serait établi une échelle de récompenses, plus ou moins étendue suivant l'importance de l'Exposition [1].

Les membres des Jurys, choisis par les exposants ou désignés par les organisateurs des Expositions devraient être agréés par le Ministre compétent [2].

Les membres des Jurys seraient tenus, pour leurs opérations, de se conformer aux prescriptions d'un règlement général ayant force de loi.

Comme sanction : défense, sous peine de poursuites, à tout industriel ou commerçant, de faire usage pour sa réclame de récompenses obtenues en France dans des Expositions non autorisées.

Il n'est pas malaisé de jeter des idées, comme le semeur jette son grain, bon ou mauvais, à pleines mains ; mais il est difficile d'en tirer une moisson de résultats pratiques.

En écrivant ces quelques phrases, nous n'avons d'autre but que d'appeler l'attention sur un côté défectueux des Expositions.

La rédaction d'un programme est une tâche trop ardue, et nous n'avons garde de nous y essayer. Pour la mener à bien, il faut une étude minutieuse des faits par des hommes qui sachent conclure et puissent faire admettre leurs conclusions.

L'Exposition universelle de 1900 pourrait marquer le départ d'une réglementation élaborée par des organisateurs à qui ne manquent ni la compétence ni l'autorité.

1. Les exposants déjà titulaires de récompenses supérieures pourraient alors, et sans inconvénients, se déclarer Hors Concours.

2. Cette mesure a reçu un commencement d'exécution à l'Exposition de Rouen 1896. Le *Journal officiel* a publié la liste des Membres du Jury et le Ministre du Commerce a affirmé son droit de contrôle en faisant, d'office, ajouter des noms ; malheureusement la décision n'a pu être prise que peu de jours avant la réunion du Jury, et certains Membres ont été nommés trop tard pour être à la peine...

Jusqu'au jour où les récompenses auront acquis une valeur réelle et indiscutable, il en sera des Expositions comme des machines exposées : du mouvement, quelque bruit, mais pas de travail utile.

Choix des Membres du Jury. — Dans le règlement spécial au Jury, le Conseil supérieur de l'Exposition de Rouen avait inséré un article ainsi conçu : « Le choix d'un tiers des membres du Jury sera laissé aux exposants intéressés. »

L'intention était bonne; elle n'a pas donné de résultats pratiques.

Le vote devait se faire par correspondance.

1,288 circulaires furent envoyées[1] ; il ne vint que 529 réponses ; il y eut donc 759 abstentions. Sur les 529 réponses reçues, il se trouvait 105 bulletins blancs et 424 suffrages exprimés. 137 exposants s'en rapportaient purement et simplement au Comité ; 287 seulement indiquaient des noms.

En fait, il fut tenu compte dans le choix des membres du Jury des indications données par cette infime minorité des exposants; mais le but visé n'était pas atteint.

Le nombre des abstentions s'explique par la difficulté pour les exposants de s'entendre sur le choix des candidats, et, il faut le reconnaître, par l'insouciance des intéressés.

Les suffrages exprimés ne sont pas répartis par classe proportionnellement au nombre des inscrits, comme il arriverait si tous les électeurs attachaient le même intérêt à la consultation.

Ils sont plus nombreux dans certaines classes, soit que les représentants d'exposants se soient entendus entre eux pour dresser une liste de candidats choisis parmi leurs clients, soit que des exposants de la région aient réussi à intéresser des amis à leur candidature.

Même alors, les votants sont en minorité, et ce peut être une erreur de tenir compte, par condescendance, d'indications aussi vagues. Au lieu d'exprimer l'opinion des exposants, on fait le jeu des coteries.

1. Le principe de l'élection n'était applicable ni à l'Enseignement ni aux Beaux-Arts. D'autre part, les exposants qui avaient déclaré ne pas vouloir concourir ne devaient pas voter, non plus que ceux qui, usant de leur droit, s'étaient mis « Hors Concours ».

La désignation des membres du Jury devrait être l'une des prérogatives des Comités organisateurs; ils n'auraient pas seulement à choisir dans leur entourage des hommes experts et indépendants, mais devraient aussi les prendre au dehors et proportionnellement au nombre des exposants de chaque région.

Une répartition aussi équitable ne sera certainement pas refusée dans les Expositions qui auront lieu à Paris, les exposants parisiens s'étant toujours énergiquement réclamés du principe dans les Expositions de province.

Les Jurys de l'Exposition de Rouen comptaient 505 membres, ainsi répartis :

Beaux-Arts	23
Groupe I.	117
— II.	26
— III.	34
— IV.	21
— V.	41
— VI.	68
— VII.	39
— VIII.	29
— IX.	11
— X.	10
— XI.	14
— XII.	5
— XIII.	67

Ils comptaient de plus 5 membres d'honneur : le Préfet, le Maire de Rouen, le Président du Conseil général et les Présidents des Chambres de Commerce de Rouen et d'Elbeuf.

Le Jury supérieur était composé des 5 membres d'honneur, des 13 membres du Conseil supérieur, du Directeur de l'Exposition et de 28 présidents ou secrétaires-rapporteurs de groupe.

Le Président de l'Exposition en était Président de droit, et le Secrétaire-général, Secrétaire-général de droit.

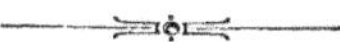

ÉTAT GÉNÉRAL DES RECETTES ET DES DÉPENSES

RECETTES

		Détail	Total
	Subventions		147.974 f. 16 c.
Recettes sur les visiteurs	Abonnements [1]	150.855 f. » c.	
	Vente de tickets d'entrée [2]	408.790 85	
	Entrées au Vieux-Rouen [3]	83.232 80	704.611 55
	Produit des auditions et festivals [4]	28.250 50	
	Attractions diverses	15.418 45	
	Distributeurs automatiques [5]	18.063 95	
Recettes sur les exposants	Droits d'inscription [6]	25.936 f. 55 c.	
	— de place [7]	366.956 11	444.237 69
	— de vente [8]	33.578 35	
	Redevances diverses	17.766 68	
	Produit du bureau de tabac		15.140 80
	Loterie [9]		509.236 35
	Revente de matériel		22.659 40
	Recettes diverses		11.347 66
	Total		1.855.207 f. 61 c.
	Subventions volontaires pour faire face à l'insuffisance des recettes [10]		146.360 »
	Total égal aux dépenses		2.001.567 f. 61 c.

1. V. p. 70 et 100.
2. V. p. 101.
3. V. p. 119.
4. V. p. 117.
5. V. p. 123.
6. V. p. 32.
7. V. p. 29 et 124.
8. V. p. 124 (note 2).
9. V. p. 139.
10. V. p. 163.

DÉPENSES

Concours entre architectes	4.634 f. 75 c.
Construction, aménagement et installation des bâtiments et clôtures [1]	695.249 27
Création et entretien des jardins [2]	61.423 68
Vieux-Rouen [3]	160.833 80
Administration (frais de bureaux) [4]	43.544 02
Personnel [5]	215.833 50
Publicité [6] et assurances [7]	104.580 25
Festivals et concerts [8]	130.097 15
Eau [9], gaz [10], électricité [11], vapeur	163.694 99
Récompenses [12]	45.709 85
Loterie [13]	209.629 30
Remises et subventions [14]	32.175 65
Chapitres divers [15]	109.500 07
Frais généraux et divers	24.661 33
Total	2.001.567 f. 61 c.

Le Trésorier,

ERNEST MANCHON.

1. V. p. 144.
2. V. p. 145.
3. V. p. 119.
4. V. p. 147.
5. V. p. 147.
6. V. p. 148.
7. V. p. 149.
8. V. p. 117.
9. V. p. 149.
10. V. p. 150.
11. V. p. 152.
12. V. p. 157.
13. V. p. 139.
14. V. p. 158.
15. V. p. 159.

DEUXIÈME PARTIE

En fin de compte, c'est dans les livres du Trésorier que se trouve résumée l'histoire d'une Exposition, histoire dépouillée de tout ornement et de tout artifice.

Il suffisait donc, pour clore le rapport et permettre au lecteur de conclure et de nous juger, de donner la situation établie à la fin de l'opération : recettes d'un côté, dépenses de l'autre.

Nous croyons, cependant, devoir encore insister sur quelques points qui paraissent particulièrement intéressants.

Les recettes sont surtout à examiner ; elles sont plus difficiles à réaliser et, en général, demandent plus d'ingéniosité que les dépenses.

Leurs éléments sont communs à toutes les Expositions, mais sans avoir partout la même importance relative; aussi il est bon, dans l'intérêt de nos successeurs, de les signaler et de montrer, pour chacun, les résultats obtenus à Rouen.

Pour l'examen, nous prendrons les chapitres dans l'ordre où ils sont présentés par le Trésorier.

Quand il sera possible nous mettrons en regard, pour un même chapitre, recettes et dépenses, de façon à établir des budgets particuliers qui permettront de mesurer, d'un coup d'œil, les résultats obtenus.

Mais avant d'aborder le budget proprement dit, nous croyons devoir donner quelques renseignements sur la constitution du capital de garantie qui a rendu l'Exposition possible.

Fonds de garantie. — Le capital de garantie souscrit pour l'Exposition de 1896 a été de 820,920 francs ; il était de 312,500 francs en 1884.

Isolés, ces chiffres n'ont aucune signification ; rapprochés, ils permettent d'établir des comparaisons. Ce sont les jalons à l'aide desquels il est possible de mesurer le chemin parcouru.

Aussi nous croyons devoir mettre en regard les résultats obtenus en 1884 et en 1896. (*Voir le tableau ci-contre*, page 95.)

Au capital de garantie de 1896, il faut ajouter une somme de 100,000 francs, votée par le Conseil municipal de la Ville de Rouen dans la séance du 28 décembre 1894, ce qui le porte à 920,920 fr. A dessein nous n'avons pas inscrit ces 100,000 francs au tableau comparatif; il s'agit d'une souscription exceptionnelle. La faire figurer à l'actif de l'Exposition dernière eût été fausser les résultats de la comparaison à établir entre les concours apportés par l'initiative privée aux Expositions de 1884 et 1896.

En 1884, la Ville de Rouen avait voté une subvention de 100,000 francs ; en 1896, elle avait accordé la même subvention, et s'était, de plus, inscrite pour 100,000 francs au capital de garantie. La participation était plus considérable, mais seulement en apparence, car, pour que les 100,000 francs de garantie fussent absorbés totalement, il eût fallu un échec complet de l'Exposition, ce qui semblait peu probable [1].

Si lourde que paraisse la charge imposée par l'Exposition à la Ville, elle est légère cependant, si on la compare au sacrifice que comporte la subvention annuelle accordée au seul Théâtre-des-Arts.

Pour le théâtre, les frais de toute nature : subvention au directeur, droit des pauvres, éclairage, contributions, assurances et entretien, dépassent 200,000 francs par an.

1. Il ne fut, en effet, réclamé de la Ville, pour la liquidation, qu'une somme de 17.974 fr. 46 c. Si on considère que MM. Blanchet et Villette ont versé à l'Octroi pour droits perçus sur les matériaux employés à la construction de l'Exposition une somme supérieure à *trente-quatre* mille francs, et que beaucoup d'autres entrepreneurs ont pris part aux travaux, on est amené à conclure que par ces recettes directes, seules, la Ville est rentrée largement dans ses déboursés.

QUOTITÉ DES SOUSCRIPTIONS	NOMBRE DES SOUSCRIPTEURS DANS CHAQUE CATÉGORIE		MONTANT DES SOMMES SOUSCRITES DANS CHAQUE CATÉGORIE		PROPORTION POUR CENT DANS CHAQUE CATÉGORIE — DU NOMBRE DES SOUSCRIPTEURS		PROPORTION POUR CENT DANS CHAQUE CATÉGORIE — DU MONTANT DES SOUSCRIPTIONS	
	1884	1896	1884	1896	1884	1896	1884	1896
Au-dessous de 100 fr.	»	17	»	770	»	1.36	»	0.09
100 fr.	55	343	5.500	34.300	12.82	27.37	1.76	4.18
150 »		2	»	300	»	0.16	»	0.04
200 »	57	211	11.400	42.200	13.29	16.84	3.65	5.14
250 »	»	9	»	2.250	»	0.72	»	0.27
300 »	39	80	11.700	24.000	9.09	6.38	3.75	2.92
400 »	3	13	1.200	5.200	0.70	1.04	0.38	0.63
500 »	153	296	76.500	148.000	35.67	23.62	24.48	18.03
600 »	2	»	1.200	»	0.46	»	0.38	»
900 »	»	1	»	900	»	0.08	»	0.11
1.000 »	86	178	86.000	178.000	20.05	14.20	27.52	21.68
1.500 »	»	1	»	1.500	»	0.08	»	0.18
2.000 »	16	50	32.000	100.000	3.73	4.00	10.24	12.18
2.500 »	»	1	»	2.500	»	0.08	»	0.30
3.000 »	6	14	18.000	42.000	1.40	1.12	5.76	5.12
4.000 »	1	2	4.000	8.000	0.23	0.16	1.28	0.98
5.000 »	9	24	45.000	120.000	2.10	1.91	14.40	14.62
6.000 »	»	1	»	6.000	»	0.08	»	0.73
10.000 »	2	9	20.000	90.000	0.46	0.72	6.40	10.97
15.000 »	»	1	»	15.000	»	0.08	»	1.83
	429	1.253	312.500	820.920	100.00	100.00	100.00	100.00

Souscription moyenne en 1884 . . . . **728 fr.** | *Souscription moyenne en* 1896 . . . . **655 fr.**

Pendant les sept mois de la campagne 1895-1896, il a été donné 178 représentations suivies par 122,573 spectateurs, soit, par spectateur, une subvention de 1 fr. 657.

En 1896-1897, après l'Exposition la campagne n'a duré que six mois, avec 170 représentations. 85,958 spectateurs seulement y ont assisté, ce qui fait ressortir la subvention à 2 fr. 364 par personne.

La campagne 1897-1898 a été de sept mois, avec 167 représentations, où 131,158 spectateurs ont pris place; la subvention est tombée à 1 fr. 549.

A l'Exposition de 1896, sans tenir compte des abonnés, des exposants et de toutes les personnes titulaires de cartes, il est entré 625,000 visiteurs; sur le nombre, 28,000 n'ont payé que 0 fr. 50 c.[1], et 233,000, 0 fr. 25 c. seulement. La subvention serait donc largement justifiée par le seul fait d'avoir rendu l'Exposition accessible à un groupe intéressant de visiteurs; répartie sur cette seule catégorie, elle ne représenterait d'ailleurs que 0 fr. 45 par personne[2].

Mais n'en fût-il pas ainsi, que la subvention serait pleinement justifiée par une autre considération. Elle s'est appliquée à une entreprise qui, plus que toute autre, a procuré aux finances municipales et au commerce local des recettes de circonstance exceptionnelles. Il n'est pas exagéré d'affirmer que le tiers au moins des visiteurs est venu spécialement à Rouen à l'occasion de l'Exposition et pour y passer une journée entière.

En définitive, si l'on considère que le théâtre n'est guère suivi que par les habitants de la ville, alors que l'Exposition avait attiré beaucoup d'étrangers, que le personnel du théâtre est peu nombreux comparé au personnel attaché à l'Exposition et aux exposants, on est amené à conclure que la subvention accordée à l'Exposition, quoique plus modeste, a été plus productive que les frais supportés annuellement pour le théâtre.

L'intérêt des Villes à favoriser ce mouvement est si évident, que certaines d'entre elles n'hésitent pas à s'imposer lourdement; Angers,

1. Il n'est question que des entrées constatées aux tourniquets les jours où les prix étaient réduits; les entrées ordinaires à 0 fr. 50 c. sont en dehors.

2. Répartie sur les 625,000 visiteurs, la subvention de la Ville, 117,000 francs en chiffres ronds, ne représente plus que 0 fr. 17 par personne.

qui ne compte que 80,000 habitants, a voté un demi-million pour son Exposition de 1895.

Pour qui a le loisir de faire l'école buissonnière, une liste de souscription est toujours un intéressant sujet de flânerie. Mathématiciens et philosophes peuvent s'y attarder. Mais, plus que toutes autres, les listes où sont consignées des promesses dont l'échéance, si elle doit venir, est, en tous cas, éloignée.

Les souscripteurs, partagés entre le désir de faire bonne figure et la crainte de s'engager outre mesure, se classent, par tempérament, en deux catégories : chez les uns l'ambition l'emporte, et chez les autres la prudence. Il en résulte que les engagements signés sont des maxima ou des minima. A remarquer, d'ailleurs, que maxima et minima se traduisent par quelques chiffres seulement, très peu nombreux dans l'échelle continue des nombres, tandis que les ressources des souscripteurs sont variables par degrés insensibles sur l'échelle de la fortune.

Les sommes de 100, 200, 300 et 500 francs, puis 1,000, 2,000, 3,000 et 5,000 francs, sont presque exclusivement adoptées; ainsi, en 1884, la moindre souscription étant de 100 francs et la plus élevée de 10,000 francs, plus de 98 0/0 des souscripteurs ont inscrit à leur bulletin l'une des huit sommes ci-dessus désignées; en 1896, le même choix a été fait par 95,5 0/0 des souscripteurs, bien que l'échelle des souscriptions fût plus étendue, embrassant de 25 francs à 15,000 francs.

Pourquoi en est-il ainsi ? Toute explication sortirait du cadre d'un modeste rapport. Il nous suffit de montrer, en ramassant un épi parmi les plus faciles à découvrir, que les glaneurs peuvent encore faire ample récolte. Retournons à la moisson.

L'inspection des tableaux montre que de 1884 à 1896, le nombre des souscripteurs au capital de garantie a triplé, ou à peu près. Le montant total des sommes souscrites a suivi une progression un peu moins rapide.

En 1884, la souscription moyenne était de 728 francs, contre 655 francs seulement en 1896[1]. La différence des moyennes tient à

1. Le calcul de la souscription moyenne pour 1896 a été fait sans tenir compte des 100,000 francs votés par la Ville de Rouen ; en ajoutant ces 100,000 francs au total des sommes recueillies, on trouve pour la souscription moyenne, en 1896, 734 francs.

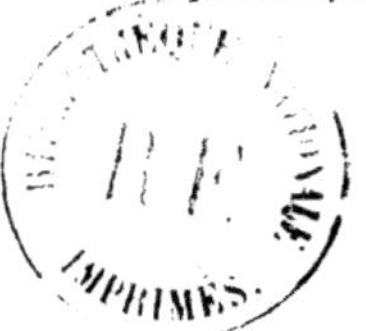

ce que, en 1896, les souscripteurs de petites sommes étaient proportionnellement plus nombreux. En classant les souscriptions en trois catégories : moindres que 500 francs, de 500 à 1,000 francs, supérieures à 1,000 francs, on trouve :

	En 1884	En 1896
	—	—
Bulletins au-dessous de 500 francs.	35,90 0/0	53.87 0/0
— de 500 à 1,000 francs. . .	56,18 0/0	37.90 0/0
— au-dessus de 1,000 francs.	7,92 0/0	8.23 0/0

En résumé, l'Exposition avait jeté plus de racines en 1896 qu'en 1884; le nombre des souscripteurs en est la preuve; d'autre part, les racines paraissent avoir pénétré plus avant dans la masse du public, à en juger par la proportion des petits souscripteurs. Cette constatation n'a rien qui puisse surprendre, si l'on se reporte aux origines des deux Expositions; en 1884, l'initiative a été prise par la Société Industrielle, qui représente un groupe; en 1896, par le Préfet de la Seine-Inférieure et le Maire de Rouen, au nom de la population tout entière.

En 1884 comme en 1896, le capital de garantie n'avait aucune rémunération à attendre ; souscrire, c'était de plein gré s'exposer à un risque. Tous les souscripteurs indistinctement ont donc droit à des remerciements, mais la reconnaissance envers eux comporte des degrés. Pour les uns, le risque était sans compensation d'aucune sorte ; pour les autres, l'intérêt personnel dérivait d'une façon évidente de l'intérêt général, quelquefois par calcul, souvent par la simple force des choses. Cependant ceux-là même sont à remercier, parce qu'ils ont fait preuve de bonne volonté; ils eussent pu, sans avoir à le regretter, rester cois. Le cas s'est rencontré.

Dans la liste des souscripteurs de 1896 ne figurent pas les Compagnies de chemins de fer qui desservent Rouen. Il est permis de s'en étonner. Les Compagnies de chemins de fer ont un intérêt évident à faciliter l'éclosion des Expositions; le trafic s'en accroît et le mouvement des voyageurs, dans la région, se développe considérablement. On en peut fournir mainte preuve; mais il n'en est pas de plus concluante, dans notre cas, que les chiffres extraits du rapport présenté le 31 mars 1897 par le Conseil d'administration aux actionnaires de la Compagnie de l'Ouest.

« Cette augmentation (2,739,861 fr. sur le trafic des voyageurs) est due à trois causes principales : l'Exposition de Rouen pour environ 510,000 francs, les fêtes franco-russes pour 720,000 francs, et le développement normal du trafic pour 1,510,000 francs. »

Personne, d'ailleurs, ne songe à nier le profit que les Compagnies de transport peuvent tirer des Expositions, et, par suite, l'intérêt qu'elles ont à les favoriser aussi bien dans leur formation que dans leur développement : au début par un concours financier[1], plus tard par l'organisation de services spéciaux.

Malheureusement, en France, les Compagnies de chemins de fer sont personnages que leur grandeur tient fort longtemps attachés au rivage. Avant de rien décider, il faut voir, peser, regarder d'où vient le vent.

Des Compagnies qui desservent Rouen, le Nord se montra la plus habile : à la fois expéditive et avisée. Dès les premières semaines des trains spéciaux furent organisés le dimanche. Le succès ne s'affirma pas tout d'abord; puis les organisateurs, jugeant qu'ils recueilleraient d'autant plus de voyageurs que le prix réclamé serait moindre, choisirent, pour lancer les trains de plaisir, les seuls jours d'entrées à prix réduits. Les billets donnaient droit au voyage aller et retour et à une entrée à l'Exposition. On put venir d'Amiens moyennant 6 fr. 25 c., dont 6 francs pour la Compagnie et 0 fr. 25 c. pour l'Exposition.

L'Ouest, après étude, produisit un horaire très complet pour desservir, chaque dimanche, toute la partie du réseau qui se relie facilement à Rouen ; malheureusement le service ne put commencer qu'à la fin du mois d'août, en même temps que la pluie.

Avis à nos successeurs, qui feront bien de s'y prendre longtemps à l'avance : 1° pour demander aux Compagnies un concours financier; 2° pour s'entendre avec elles au sujet des services spéciaux à organiser.

1. La Compagnie du Midi, pour l'Exposition de Bordeaux, en 1895, avait donné une subvention ferme de 10,000 francs.

ABONNEMENTS. — En 1896, les recettes pour abonnements à l'Exposition se sont élevées à 150,855 francs.

Abonnements à 25 francs (hommes).	2.030	Produit. . . .	50.750 fr.
— à 20 — (dames).	2.329	—	46.580
— à 10 — (jeunes gens, prix réduits).	4.038	—	40.380
— à 5 — (enfants, gens de service).	2.629	—	13.145
NOMBRE TOTAL DES ABONNÉS	11.026	RECETTE TOTALE.	150.855 fr.

Prix moyen payé par abonné : 13 fr. 682.

En 1884, ce chapitre du budget avait donné les résultats suivants :

Abonnements à 20 francs (hommes).	2.077	Produit. . . .	41.540 fr.
— à 15 — (dames).	1.806	—	27.090
— à 5 — (enfants au-dessous de 15 ans) . . .	1.520	—	7.600
NOMBRE TOTAL DES ABONNÉS	5.403	RECETTE TOTALE.	76.230 fr.

Prix moyen payé par abonné : 14 fr. 109.

A Bordeaux (Exposition de 1882) :

Abonnements à 20 francs (hommes).	4.676	Produit. . . .	93.520 fr.
— à 10 — (dames).	8.013	—	80.130
— à 5 — (enfants)	3.332	—	16.660
NOMBRE TOTAL DES ABONNÉS	16.021	RECETTE TOTALE.	190.310 fr.

Prix moyen payé par abonné : 11 fr. 879.

A Bordeaux (Exposition de 1895) :

Abonnements hommes (dont 52 à 10 fr.). . .	8.228	Produit. . . .	164.040 fr.
— dames (dont 116 à 7 fr. 50) . . .	10.090	—	150.480
— enfants (dont 127 à 5 fr.) . . .	5.308	—	52.445
— domestiques	148	—	1.480
— instituteurs	37	—	370
— officiers ou militaires	227	—	2.270
— étudiants (dont 12 à 5 francs).	326	—	3.200
NOMBRE TOTAL DES ABONNÉS	24.364	RECETTE TOTALE.	374.285 fr.

Prix moyen payé par abonné : 15 fr. 362.

La Société Philomathique avait, en outre, imposé des cartes d'abonnements à prix réduits aux concessionnaires des cafés, restaurants, attractions, et au personnel des concessionnaires et des exposants. Les recettes correspondantes ont été :

Pour	45 concessionnaires (à 15 fr.)	675 fr.
—	981 employés de concessionnaires (à 10 fr.)	9.810
—	2.815 employés d'exposants (à 5 fr.)	14.075
Pour	3.841 personnes	24.560 fr.

En comparant entre elles les deux Expositions de Bordeaux, on voit que de 1882 à 1895 le nombre des abonnés a augmenté de plus de 52 0/0, et que les recettes se sont accrues de *près de* 97 0/0.

A Rouen, de 1884 à 1896, l'augmentation proportionnelle du nombre des abonnés a été plus rapide qu'à Bordeaux: elle atteint 104 0/0 ; les recettes ont suivi sensiblement la même progression : elles se sont accrues de 98 0/0 environ.

A Bordeaux, en 1895, il y avait en moyenne un abonné sur 20 habitants de l'arrondissement ; à Rouen, en 1896, il n'y avait qu'un abonné sur 27 habitants.

Est-ce à dire que la Normandie soit moins riche? C'est peu probable, à en juger par le nombre des domestiques abonnés ; nous en comptions 1,433, alors qu'il s'en trouvait seulement 148 à Bordeaux, *près de dix fois moins*. Il est vrai qu'à Rouen nous avions banni le mot « domestiques », et disions « gens de service », appellation qui sans doute aura paru flatteuse à nombre d'intéressés : ils s'en seront recommandés de préférence à tout autre.

Entrées. — Le succès d'une Exposition s'affirme par le mouvement de curiosité qu'elle provoque ; le nombre des visiteurs en donne la mesure, mesure relative qui, comme toute vérité relative, ne se précise que par des comparaisons. Nous ne croyons donc pas devoir nous borner, pour les entrées, à citer un simple chiffre, brutal et sec. Il est intéressant d'étudier le mouvement dans ses différentes phases et d'en chercher les éléments.

Nous ferons une étude analogue sur les Expositions de Rouen 1884 et Bordeaux 1895, et, rapprochant les résultats obtenus, nous chercherons à indiquer d'un trait la physionomie propre de chacune des trois Expositions.

Rouen 1896. — L'Exposition a été ouverte du samedi 16 mai au dimanche 18 octobre inclus, soit pendant 156 jours. Le nombre des entrées payantes, constatées par les tickets déposés aux tourniquets[1], s'est élevé à 624,291, pour une recette brute de 408,790 fr. 85 c. et une recette nette de 397,417 fr. 45 c. L'écart, 11,373 fr. 40 c., représente les remises consenties sur le prix des billets pris par quantité, 10 0/0 du jour de l'ouverture au 10 juin, et 5 0/0 dans la suite.

Quand le Conseil décida que les billets pris par grandes quantités seraient cédés à prix réduits, il n'avait en vue que les chefs d'établissements industriels qui se proposaient d'offrir des entrées à leur personnel. Il fut bientôt assailli de demandes d'une toute autre provenance. Les marchands de billets entraient en scène, et tout d'abord de pauvres diables dignes d'intérêt, qui priaient qu'on les laissât ramasser quelques miettes tombées de la caisse du Trésorier. Eux casés, il en vint d'autres du dehors, des professionnels, et il en serait venu indéfiniment si les premiers professionnels arrivés, une fois dans la place, n'avaient déclaré à tout venant qu'ils se considéraient comme investis d'un monopole et ne s'étaient montrés prêts à défendre leurs prétentions *unguibus et rostro*[2].

1. Tout visiteur, non titulaire d'une carte personnelle, devait se présenter à l'entrée muni d'un ticket. Le ticket était reçu par un contrôleur et déposé dans le coffre du tourniquet. Ce système de perception permet un double contrôle de la recette faite aux guichets, par le nombre des tickets trouvés dans les coffres et par les chiffres inscrits aux compteurs des tourniquets. Il a l'inconvénient d'entrainer à une dépense relativement élevée pour la confection des tickets, qui ont coûté en 1896 5.000 francs.

2. L'industrie des marchands de billets doit-elle être encouragée ou non? A première vue, les arguments pour la suppression paraissent tirés du raisonnement, et les arguments contre, du sentiment. A y regarder de près, la distinction n'est plus aussi nette.

L'intervention des marchands est inutile, en ce sens qu'elle ne développe pas la vente des tickets. Ce ne sont pas des intermédiaires qui vont au loin chercher une clientèle nouvelle de visiteurs. Ils se cantonnent aux portes des Expositions et y foisonnent, empressés à saisir leur proie au passage.

D'autre part, s'il se trouve parmi eux quelques malheureux à la recherche d'un gagne-pain, il y a surtout des professionnels, beaucoup moins intéressants, qui *font* es Expositions. Comme ils ont pour eux l'expérience et l'audace, comme ils disposent d'une mise de fonds qui leur permet un commerce plus étendu, ils s'imposent en maîtres. Dans le cercle des vendeurs et des vendeuses de tickets il s'établit bien vite une hiérarchie. Comment? il est difficile de le savoir au juste. Il ne vient à l'Exposition que l'écho des querelles; les accords, les concessions, les partages se règlent sans bruit. Dans ce petit monde, d'ailleurs, les choses doivent se passer comme dans le grand. Les hommes ont pour eux la force et le prestige; les femmes, les larmes et l'éloquence. A Rouen, le haut du pavé, milieu de la chaussée, était occupé par un seigneur, petit, sec et nerveux, connu sous le sobriquet de *Marquis*, tandis que sur

Sur les 624,291 visiteurs, 310.030 sont entrés avec des tickets à 1 franc, 80.782 avec des billets à 50 centimes, et 233.479 avec des billets à 25 centimes.

Le prix moyen des tickets délivrés a été de 0 fr. 6548, et la recette moyenne encaissée par ticket de 0 fr. 6366.

Les entrées se sont réparties comme suit :

	VISITEURS	MOYENNE	PROPORTION
	—	—	—
Sur 28 dimanches et jours fériés[1].	390.760	13.955	62,593 0/0
20 lundis.	47.724	2.386	7,645
20 mardis	37.689	1.884	6,037
22 mercredis.	36.105	1.641	5,783
22 jeudis.	52.805	2.400	8,458
22 vendredis	31.241	1.420	5,004
22 samedis.	27.967	1.271	4,480
156 jours	624.291	4.003	100,000 0/0

Les chiffres de la dernière colonne donnent la proportion des entrées pour chacun des jours de la semaine.

Les dimanches et jours fériés viennent au premier rang, comme dans toutes les statistiques consacrées aux entreprises qui ont le plaisir pour but. Mais l'écart est tel qu'il ne suffit pas, pour l'expliquer, de constater que les dimanches sont relativement plus nombreux, et de rappeler qu'ils sont les seuls jours de liberté pour la grande majorité des citoyens. L'affluence constatée résulte surtout

le trottoir trônait une femme, ample et forte, amputée d'un bras. Les autres se tenaient à distance respectueuse.

Dans le nombre, peu de Rouennais.

Malgré tout, et contre toute attente, les marchands de billets ont rendu de réels services les jours d'affluence quand, dans l'espace d'une heure, il entrait vingt mille personnes ; le débit des guichets n'eût pas été suffisant.

Tout bien pesé, il vaut peut-être mieux protéger l'industrie des vendeurs de tickets, mais à la condition de faire du protectionnisme à outrance et de n'admettre aux portes de l'Exposition que des habitants de la Ville autorisés par la Mairie.

En tous cas, la remise de 10 0/0 consentie tout d'abord était de beaucoup exagérée ; 5 0/0 nous paraît largement suffisant.

1. Ont été considérés comme jours fériés : les lundis de la Pentecôte et des Courses, le 14 juillet, le jour de la visite du Président de la République et le jour de l'entrée du Tzar à Paris. Ce dernier jour, presque partout à Rouen, les bureaux étaient fermés et les ateliers chômaient, mais les trains pour Paris étaient partis bondés de voyageurs.

de ce que le prix des entrées n'a jamais été réduit, par mesure générale, que les dimanches et jours de fête.

Sur 28 jours fériés, deux fois le tarif a été réduit de moitié et neuf fois réduit au quart.

En comparant les recettes de 1884 et de 1896, nous chercherons à tirer, au point de vue du budget, les conséquences de cette mesure.

Dans les deux jours où le tarif était réduit de moitié, il a été constaté 28,470 entrées, en moyenne 14,235 par jour, et 233,479 pour les neuf jours à 0 fr. 25, en moyenne 25,942 par jour.

Pendant les dix-sept dimanches restant, les tourniquets ont enregistré seulement 128,811 visiteurs, soit 7,577 en moyenne par dimanche.

C'est le dimanche 6 septembre que le chiffre des entrées payantes a été le plus élevé : 34,516, et le vendredi 25 septembre qu'il a été le plus faible : 835. Le 25 septembre 1896, MM. Gully et Coulon, Directeurs de l'Observatoire de météorologie, ont inscrit sur leurs tablettes : « forte tempête. » et on ne saurait les taxer d'exagération ; ce jour-là, il est tombé 25 $^{m}/^{m}$ d'eau[1].

Recettes. — Les recettes réellement encaissées chaque jour par le Trésorier, pour vente de billets, n'ont aucun rapport avec le nombre des entrées, les tickets vendus n'étant souvent utilisés que plus tard.

Comme il nous paraissait intéressant d'évaluer la somme nette représentée par les billets déposés chaque jour aux tourniquets, nous avons pris pour base du calcul le nombre des entrées constatées réduit au quart quand le prix était de 0 fr. 25, à la moitié quand il était de 0 fr. 50. Dans les circonstances ordinaires, la proportion des entrées à prix réduit (en faveur des enfants et des militaires) reste sensiblement constante d'un jour à l'autre, et, par conséquent, le résultat du calcul peut être considéré comme suffisamment exact.

Les recettes nettes se sont réparties entre les jours de la semaine dans la proportion suivante :

1. Dans la statistique que nous venons de dresser ne sont pas comprises les entrées à l'Exposition Ouvrière, dont les portes étaient ouvertes gratuitement. Nous ne connaissons pas le nombre des visiteurs.

	RECETTES	PROPORTION
	—	—
Dimanches.	152.167 f. 25 c.	38,289 0/0
Lundis.	56.354 05	14.180
Mardis.	42.986 45	10.816
Mercredis	32.367 70	8.145
Jeudis	47.338 10	11.912
Vendredis	28.006 50	7.047
Samedis	38.197 30	9.611
	397.417 f. 35 c.[1]	100.000 0/0

Le tableau qui précède établit un fait sans grande portée.

En réalité, ce qu'il importe de chercher, ce sont des documents absolument comparables qui permettent de mettre en parallèle les diverses Expositions.

Il est certain que les recettes augmentent quand les bureaux sont fermés et que les ateliers chôment, quand, leurs travaux étant suspendus, les habitants de la campagne affluent en ville. Or, il n'en est pas seulement ainsi le dimanche ; il y a, pendant la semaine, des jours de fête, et le nombre en varie d'une région à l'autre, d'une Exposition à l'autre. Il faut donc, pour établir des documents comparables, tenir compte de cet élément et calculer, par jour, les recettes d'une semaine *moyenne*.

Le total des recettes réalisées les dimanches et jours de fête, divisé par le nombre de jours fériés, donne la recette du dimanche *moyen ;* le total des recettes réalisées les lundis non fériés, divisé par le nombre des lundis, donne la recette du lundi *moyen*, et ainsi de suite.

Le calcul ainsi dirigé, nous trouvons, pour l'Exposition de 1896 :

JOURS DE LA SEMAINE	NOMBRE	RECETTES TOTALES RÉALISÉES	RECETTES PAR JOUR D'UNE SEMAINE MOYENNE	PROPORTION
—	—	—	—	—
Dimanches et jours fériés[2].	28	188.063 f. 45 c.	6.716 f. 552	40.507 0/0
Lundis.	20	42.782 95	2.139 647	12,904
Mardis.	20	33.786 95	1.689 347	10,188
Mercredis	22	32.367 70	1.471 259	8,873
Jeudis	22	47.338 10	2.151 732	12,977
Vendredis	22	28.006 50	1.273 023	7,678
Samedis	22	25.071 70	1.139 683	6.873
	156	397.417 f. 35 c.	16.581 f. 243	100.000 0/0

1. Dans ce tableau et le suivant figurent les recettes nettes, après déduction des remises.

2. Ont été considérés comme jours de fête : les lundis de la Pentecôte et des Courses, le 14 juillet, le jour de la visite du Président de la République et le jour de l'entrée du Tzar à Paris.

La recette moyenne journalière, pendant les 156 jours, a été de 2,547 fr. 55 : 6,716 fr. 55 les dimanches et jours de fête, 1,702 fr. 06 en semaine.

La recette maximum, plus de 13,000 francs, a été réalisée le 15 août ; c'était jour de fête et, le matin même, à huit heures, le Président de la République faisait une seconde visite à l'Exposition.

La recette minimum, 750 francs environ, est du 25 septembre, jour de la forte tempête signalée par MM. Gully et Coulon.

Rouen 1884. — L'Exposition a été ouverte du dimanche 1er juin au mardi 30 septembre inclus, soit pendant 122 jours.

Les entrées se payaient en monnaie, aux tourniquets [1].

Nous connaissons donc le nombre des entrées par le tableau des recettes journalières, mais en tenant compte de ce que deux fois le tarif fut abaissé à 0 fr. 50 et une fois à 0 fr. 25. De plus, il fut remis aux industriels des billets à prix réduits pour leurs employés et collaborateurs. Ces billets, dont la vente a produit 9,494 francs, ont servi à 18,980 personnes. Nous n'avons trouvé aucun document relatif à l'entrée de cette catégorie spéciale de visiteurs ; nous sommes ainsi acculés à une hypothèse. Il nous paraît raisonnable de les répartir également sur toute la durée de l'Exposition et de porter les deux tiers d'entre eux aux dimanches et jours de fête.

On obtient ainsi le tableau suivant :

	VISITEURS	MOYENNE	PROPORTION
Pour 23 dimanches et jours fériés [2]. . . .	207.561	9.024	50,360 0/0
14 lundis	38.112	2.722	9,247
18 mardis.	38.239	2.124	9,278
17 mercredis	30.628	1.802	7,431
17 jeudis	46.766	2.751	11,347
16 vendredis.	26.621	1.664	6,458
17 samedis	24.230	1.425	5,879
122 jours.	412.157	3.378	100,000 0/0

Sur les 23 dimanches ou jours fériés, deux fois le tarif des entrées a été réduit de moitié et une fois réduit au quart.

1. Le prix de l'entrée était de 1 franc par personne ; les enfants au-dessous de cinq ans, accompagnés de leurs parents, étaient admis gratuitement.

2. Ont été considérés comme jours fériés : les lundis de la Pentecôte et des Courses, le 14 juillet, le 15 août et le 23 août, jour de la distribution des récompenses.

Pendant ces trois journées, il est entré 54,015 visiteurs ; pendant les vingt autres dimanches, il a été constaté 153,546 entrées, soit en moyenne 7,677 par jour.

C'est le dimanche 28 septembre que le chiffre des entrées payantes a été le plus élevé : 23,878, et le samedi 7 juin qu'il a été le plus faible : 505.

Le prix moyen des entrées a été de 0 fr. 8969.

Recettes. — Les recettes aux tourniquets, 369,686 francs, se sont réparties entre les jours de la semaine, sans tenir compte des fêtes, dans la proportion suivante :

Dimanches.	137.954 f. 35 c.	37,317 0/0
Lundis.	61.690 30	16,687
Mardis.	37.663 45	10,188
Mercredis	30.084 40	8,138
Jeudis	46.222 45	12,503
Vendredis	32.384 65	8,760
Samedis	23.686 40	6,407
	369.686 f. 00 c.	100,000 0/0

En tenant compte des jours de fête, les recettes sont réparties dans la proportion suivante :

JOURS DE LA SEMAINE	NOMBRE	RECETTES TOTALES	RECETTES PAR JOUR D'UNE SEMAINE MOYENNE	PROPORTION
Dimanches et jours fériés .	23	168.254 f. 30 c.	7.315 f. 404	37,301 0/0
Lundis.	14	37.664 50	2.690 321	13,718
Mardis.	18	37.663 45	2.092 414	10,669
Mercredis	17	30.084 40	1.769 671	9,023
Jeudis	17	46.222 45	2.718 957	13,864
Vendredis	16	26.110 50	1.631 906	8,321
Samedis	17	23.686 40	1.393 318	7,104
	122	369.686 f. 00 c.	19.612 f. 001	100,000 0/0

La dernière colonne du tableau donne la proportion des recettes pour chaque jour d'une semaine *moyenne*.

La recette moyenne journalière, pendant les 122 jours, a été de 3,030 fr. 20 ; elle a été de 7,315 fr. 40 les dimanches et jours de fête, et de 2,034 fr. 65 en semaine.

La recette maximum, environ 11,500 francs, a été réalisée le dimanche 15 juin, jour de la distribution des récompenses du Concours régional agricole ; la recette minimum, un peu plus de 500 francs, le samedi 7 juin, huit jours après l'ouverture de l'Exposition.

Bordeaux 1895. — L'Exposition a été inaugurée le samedi 11 mai 1895, à dix heures du matin; elle a clos ses portes le dimanche 17 novembre, à onze heures du soir, après une existence de 191 jours. En réalité, la journée du 11 mai, consacrée tout entière à la cérémonie d'inauguration, ne peut être comptée ; les exposants et les invités étaient seuls admis le matin. Les abonnés et le public non abonné n'ont pu entrer qu'à partir de une heure, et ce jour-là, l'Exposition a été fermée à cinq heures. La recette du 11 mai a été reportée au lendemain; nous compterons donc, dans les tableaux ci-après, sur une durée de 190 jours seulement.

A Bordeaux, le système des billets a été appliqué aux entrées.

Il y a eu deux sortes de billets : les uns à 1 franc, les autres à 0 fr. 50 c.; ces derniers n'étaient pas réservés à une catégorie spéciale de visiteurs, mais destinés à être mis en circulation les jours où le tarif des entrées serait réduit de moitié.

Une remise de 2 0/0 était accordée à tout acheteur d'un carnet de 20 billets à 1 franc ou d'un carnet de 50 billets à 0 fr. 50 c.; la remise était portée à 5 0/0 pour 100 billets à 1 fr. ou 500 billets à 0 fr. 50 c.

En comparant le nombre des entrées aux recettes brutes réalisées, on trouve que les remises faites aux vendeurs ont été de 4,962 0/0 des sommes encaissées par les billets à 1 franc, et de 4,944 0/0 par les tickets à 0 fr. 50 c. Elles se sont élevées à 46,408 fr. 95 c.

Le nombre des entrées constatées aux tourniquets a été de 1,187,932, dont 503,617 à demi-tarif.

C'est le dimanche 20 octobre que les visiteurs payants ont été les plus nombreux : 35,196, et le vendredi 24 mai que le chiffre en a été le minimum : 833.

Nous n'avons pas de document qui nous permette d'établir directement la proportion des entrées par jour de la semaine, le demi-tarif n'ayant pas seulement été appliqué le dimanche, mais aussi en semaine, pendant la soirée.

Nous trouvons, toutefois, dans le Journal officiel de l'Exposition de

Bordeaux, le renseignement suivant : Moyenne pour 100 des entrées et des recettes brutes de chaque jour de la semaine :

Dimanches	33,6 0/0
Lundis	13,7
Mardis	10,6
Mercredis	9,5
Jeudis	13,3
Vendredis	10,5
Samedis	8,8

La recette moyenne, par ticket, a été de 0 fr. 74895, et le prix moyen payé par les visiteurs, de 0 fr. 7880.

Recettes. — Le total des recettes pour vente de billets a été de 889,714 fr. 55 c. : 650,356 fr. 05 c. de billets à 1 franc et 239,358 fr. 50 c. de billets à 0 fr. 50 c.

La Société Philomathique a bien voulu nous communiquer un graphique des recettes par jour; ce document, complété par les statistiques tirées du Journal officiel de l'Exposition de Bordeaux, nous a permis de dresser le tableau des recettes de la semaine moyenne.

JOURS DE LA SEMAINE	NOMBRE	RECETTES TOTALES RÉALISÉES	RECETTES PAR JOUR D'UNE SEMAINE MOYENNE	PROPORTION
Dimanches et jours fériés	32	332.940 f. 55 c.	10.404 f. 40 c.	32,955 0/0
Lundis	26	113.310 »	4.358 08	13,803
Mardis	27	93.464 »	3.461 63	10.965
Mercredis	27	84.619 »	3.134 04	9,927
Jeudis	26	107.882 »	4.149 31	13,142
Vendredis	25	77.996 »	3.119 84	9,882
Samedis	27	79.503 »	2.944 55	9,326
	190	889.714 f. 55 c.	31.571 f. 85 c.	100.000

La recette moyenne journalière a été de 4,682 fr. 71 c. pour 190 jours[1]; elle a été de 10,404 fr. 40 c. le dimanche, et 3,523 fr. 89 c. en semaine.

D'après le graphique communiqué, la recette maximum, environ 17,600 francs, a été réalisée le dimanche 20 octobre (entrée à 0 fr. 50 c.), et la recette minimum, 833 francs, le vendredi 24 mai, 14 jours après l'ouverture de l'Exposition.

1. Le Journal officiel de l'Exposition indique 4,658 fr. 19 c. pour 191 jours. Nous avons expliqué (p. 108) pourquoi nous avons compté un jour en moins.

Pour rendre facile une comparaison entre les trois Expositions, il est nécessaire de mettre en regard, dans des documents synoptiques, les résultats consignés ci-dessus.

Nous les réunissons en deux tableaux.

Le premier donne la part contributive, dans les recettes, de chacun des jours d'une semaine moyenne. A titre de curiosité, nous y avons ajouté les recettes analogues de deux Compagnies de tramways : les Tramways Nord de Paris et la Compagnie des Tramways mécaniques des environs de Paris, ligne de Saint-Germain à Poissy.

Le tableau n° 2, sous la forme graphique, montre les recettes encaissées par semaine.

TABLEAU N° 1 — RECETTES EN SEMAINE MOYENNE

	Dimanches	Lundis	Mardis	Mercredis	Jeudis	Vendredis	Samedis	TOTAL
Rouen 1884	37.301	13.718	10.669	9.023	13.864	8.321	7.104	100.000
Bordeaux 1895.	32.955	13.803	10.965	9.927	13.142	9.882	9.326	100.000
Rouen 1896	40.507	12.904	10.188	8.873	12.977	7.678	6.873	100.000
Tramway de Saint-Germain à Poissy . . . . . (août 1896-septemb. 1897.)	32.685	13.490	12.251	9.616	12.158	9.612	10.488	100.000
Tramways Nord de Paris.	19.81	14.64	13.39	13.17	14.37	11.99	12.60	99.97

TABLEAU N° 2 — RECETTES PAR SEMAINE

(Voir le *Graphique* ci-contre.)

Les colonnes du tableau n° 1 mettent en regard deux genres de statistiques, Expositions et Tramways, dont le rapprochement peut étonner.

Après avoir fait le relevé des visiteurs aux trois Expositions, comme nous avions sous les yeux les résultats de l'exploitation du tramway à vapeur de Saint-Germain à Poissy, d'août 1896 à septembre 1897, il nous prit fantaisie de soumettre les voyageurs à un dénombrement analogue : curiosité d'alchimiste. La concordance (notamment avec l'Exposition de Bordeaux 1895) parut assez parfaite pour qu'elle ne pût être attribuée au hasard.

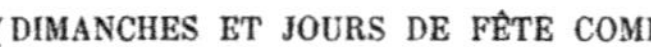

RECETTES JOURNALIÈRES MOYENNES PAR SEMAINE

(DIMANCHES ET JOURS DE FÊTE COMPRIS)

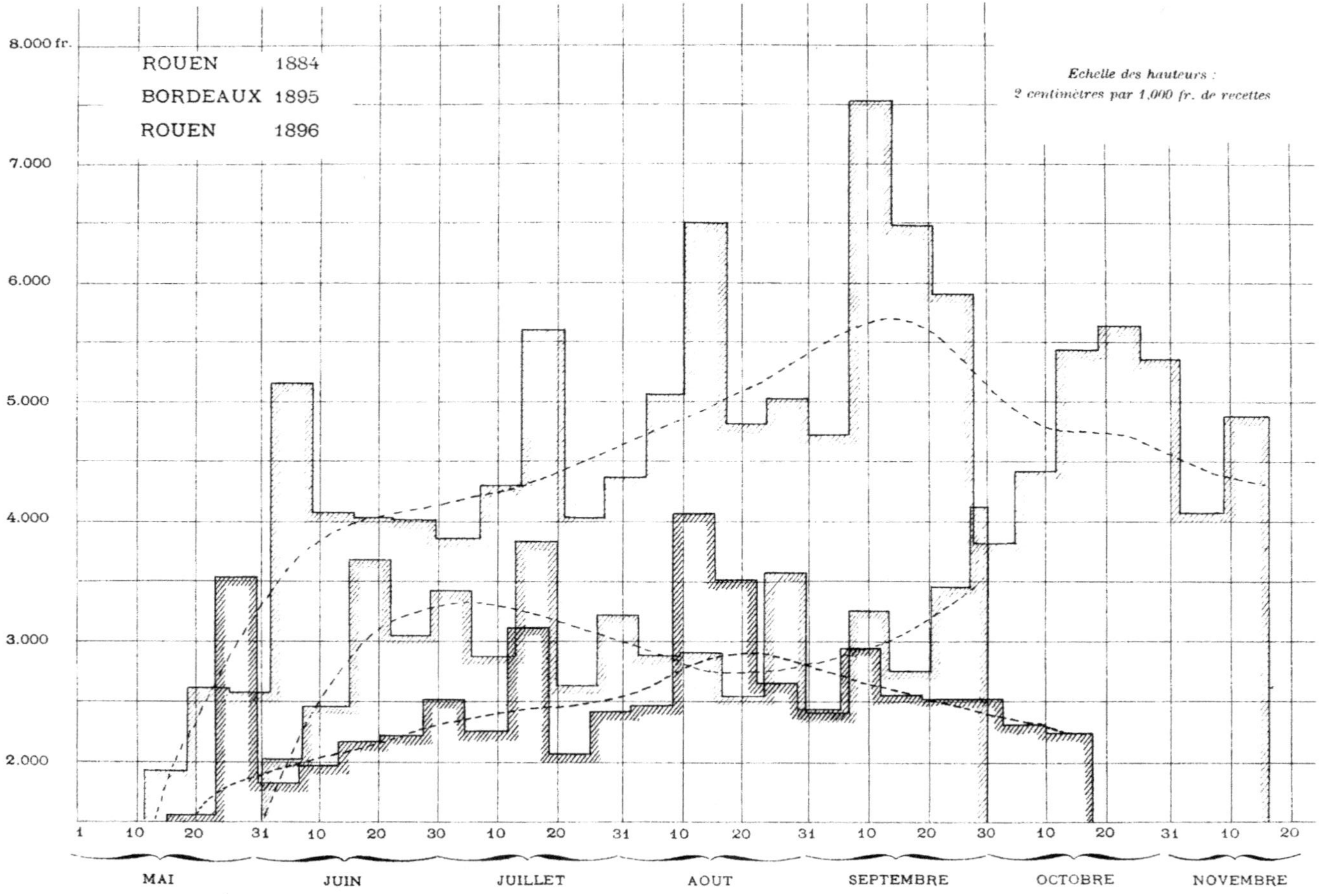

En fait, la ligne de Saint-Germain à Poissy ne sert pas seulement de trait d'union entre deux villes voisines ; elle est fréquentée, pendant la belle saison, par les nombreux promeneurs qui visitent Saint-Germain et sa forêt ; les recettes, en été, sont doubles des recettes de l'hiver. Il n'est donc pas surprenant de constater que les résultats de deux entreprises qui, toutes deux, escomptent le plaisir, se présentent sous un même aspect.

Il nous vint ensuite le désir d'étudier une Compagnie de transport créée, dans un grand centre, pour satisfaire à toutes les exigences de l'activité humaine, de façon à pouvoir tracer, dans cet ordre d'idées, une sorte de schéma de la vie normale.

Nous avons obtenu des documents sur les Tramways Nord de Paris.

Dans la ligne consacrée aux recettes de cette Compagnie, ce qui frappe à première vue, c'est la part moins grande des dimanches (un cinquième du total au lieu du tiers) ; c'est aussi la répartition plus égale entre les jours de la semaine, à l'exception des vendredis et samedis, qui restent notablement au-dessous de la moyenne.

Sans prétendre arriver à des conclusions mathématiques, on peut tirer du rapprochement entre ces statistiques des indications générales intéressantes.

On serait tenté, à première vue, de juger du succès d'une Exposition par la répartition des recettes entre les jours d'une semaine moyenne.

Les visiteurs sont de deux catégories : ceux qui habitent la ville et les environs et ceux qui viennent du dehors.

Si les entrées en semaine sont nombreuses, on en peut conclure, ou bien que l'Exposition a ses familiers qui se sont fait une habitude d'y aller fréquemment passer quelques heures, ou bien que sa réputation est établie au loin et que les étrangers viennent la visiter en touristes, au hasard des jours.

Si, au contraire, les recettes des dimanches et jours de fête sont relativement élevées, c'est que l'Exposition a surtout un succès local et qu'elle est considérée dans la région comme un lieu de promenade et un passe-temps agréables.

Sur ces données, les trois Expositions étudiées se rangeraient dans l'ordre suivant, au point de vue de leur succès : Bordeaux, Rouen 1884, Rouen 1896.

Mais il y a d'autres considérations qui interviennent ; pour que la comparaison fût rigoureuse, il faudrait, par exemple, que toutes les entrées fussent payantes aux tourniquets et qu'il n'y eût pas d'abonnements. Il faudrait encore que les prix d'entrée fussent toujours les mêmes, de façon que les visiteurs n'aient pas un intérêt évident à attendre certains jours, mais profitent indistinctement de leurs heures de loisir.

Ces conditions n'étaient pas également remplies.

Des trois Expositions, Rouen 1884 est celle qui compte, proportionnellement, le moins d'entrées à prix réduit. On peut donc en conclure, avec certitude, que beaucoup des visiteurs venus en semaine appartenaient à la région.

Ce qui le prouve, d'ailleurs, c'est le tableau n° 2 qui présente, sous la forme graphique, les recettes journalières moyennes par semaine. Des lignes en pointillé résument, dans leur allure générale, les observations, et, faisant abstraction des variations brusques accidentelles, en rendent sensible la continuité.

A première vue, il est évident que les courbes tracées pour les Expositions de Bordeaux et Rouen 1896 ont entre elles une grande analogie : toutes deux s'élèvent progressivement pour atteindre leur maximum, l'une en septembre, l'autre en août. Au contraire, la courbe qui caractérise Rouen 1884 a deux maxima : en juin-juillet et à la fin de septembre ; dans l'intervalle, un minimum bien caractérisé qui correspond au mois d'août.

La différence d'allure des courbes s'explique.

Le succès de l'Exposition de 1884 s'est de suite affirmé dans la région ; on est venu la visiter dès les premières semaines ; puis, à l'époque des vacances, le vide s'est fait, comme d'habitude, à Rouen : de là le minimum de recettes constaté en août. A la rentrée, vers la fin de septembre, on a voulu parcourir encore une fois les galeries avant la fermeture, et l'affluence des premiers jours s'est retrouvée.

A Bordeaux et à Rouen 1896, au contraire, le succès est allé grandissant, et les recettes ont augmenté par l'appoint des étrangers.

A Bordeaux, l'influence des vacances s'est fait sentir surtout en septembre : septembre, le mois consacré aux voyages après les villégiatures à la mer ou en montagne pendant les journées chaudes.

Les premières semaines d'octobre, époque de la rentrée et de la reprise des affaires, s'accusent par une dépression dans les recettes.

A Rouen, le maximum a été atteint en août. Il était à espérer que le mois de septembre marquerait, comme pour Bordeaux, l'apogée d'une Exposition placée sur le chemin des plages normandes, à deux heures de Paris, et sur l'une des routes fréquentées par les Anglais. La pluie en a décidé autrement.

En septembre, l'Observatoire de météorologie a enregistré *vingt-et-un* jours de pluie, dont *dix-huit* du 6 au 26 ! Aussi les baigneurs, chassés de la mer par le froid, ont traversé Rouen sans s'arrêter.

Du 1er au 18 octobre, il y a eu encore quinze jours de pluie ; l'Exposition a fini noyée.

Il n'est donc pas étonnant qu'à partir de septembre les recettes ne se soient pas maintenues au niveau qu'elles avaient atteint en août. Quel tort a pu nous causer la pluie ? Il serait téméraire de fixer un chiffre, mais le tort est certain. Le mauvais temps arrête les voyageurs, et surtout ceux qui se déplacent pour leur seul plaisir ; nous en trouvons la preuve dans le rapport présenté, le 31 mars 1897, par le Conseil d'administration à l'Assemblée générale ordinaire des actionnaires de la Compagnie de l'Ouest :

« Nous donnerons, d'ailleurs, une idée de l'influence des variations climatériques sur nos recettes, en disant que sur le seul mois de septembre nous avons perdu de ce chef environ 600,000 francs. »

D'une façon générale, d'ailleurs, l'Exposition de 1896 n'a pas été favorisée par la température : 68 jours de pluie sur 156 jours de durée. Pour comble de malheur, la période la plus mauvaise a coïncidé avec les vacances : 33 jours de pluie en août et septembre.

Nous sommes loin des beaux jours de l'Exposition de 1884 constamment ensoleillée. Aussi, parlant de la fermeture, nous n'avons pas la bonne fortune de pouvoir écrire, comme M. le Secrétaire-Trésorier Lebon l'a fait dans son rapport : « Elle ne pouvait à cette époque de l'année compter sur la prolongation d'un temps invraisemblablement beau, et le mauvais temps aurait pu vite disperser ses plus fidèles visiteurs. »

Est-il permis d'avouer, aujourd'hui, que la lecture de cette phrase, en 1896, nous glissait au fond du cœur un sentiment d'envie : qu'on nous le pardonne, tout cela est si loin.

8

Quoi qu'il en soit, l'Exposition de 1884 a été particulièrement favorisée par le temps et il ne faudrait pas, à l'avenir, la prendre comme base de prévisions.

Elle a eu sur 1896 un autre avantage : elle a su maintenir ses prix. Nul doute que si le tarif n'avait pas été réduit aussi facilement en 1896 [1], les recettes en eussent été augmentées. Les 625,000 visiteurs enregistrés aux tourniquets ne fussent pas tous venus ; mais en fût-il venu 100,000 de moins, et la moyenne journalière des entrées fût-elle tombée à 3,400 comme en 1884 (au lieu de 4,000), si chacun des visiteurs avait payé en moyenne 0 fr. 895 (un peu moins qu'en 1884), au lieu de 0 fr. 655, il en fût résulté un supplément de recettes de 75,000 francs environ.

L'Exposition de 1884, il est vrai, due à l'initiative privée, put facilement défendre ses tarifs ; personne ne parut surpris qu'elle se préoccupât avant tout d'éviter un déficit.

L'Exposition de 1896, au contraire, avait un cachet officiel. Or, par une optique assez singulière, tout ce qui est officiel paraît échapper à la loi commune. Il sembla, en particulier, que si l'Exposition était en déficit, le déficit se comblerait de lui-même, sans que personne eût rien à débourser.

Dans ces conditions, les organisateurs étaient mal venus à défendre leur budget de recettes ; ils devaient tout accorder, sans autre souci que de chercher à plaire à ceux qui ne veulent ou ne peuvent payer. La Ville n'avait-elle pas, d'ailleurs, versé 100,000 francs, et ces 100,000 francs, appartenant à tous, ne devaient-ils pas profiter à tous ? On les eût crus inépuisables.

Les faits ont donné un démenti brutal à cette belle conception. Il s'est produit un déficit qui ne s'est pas comblé de lui-même. En grande majorité, les souscripteurs du capital de garantie ne s'en sont pas aperçus, mais les autres doivent penser qu'il eût été sage de réaliser des recettes suffisant à couvrir les dépenses, avant de faire acte de générosité.

D'autre part le mécompte éprouvé, par suite du mauvais temps, sur les entrées en septembre et octobre, prouve que l'avenir ne

1. En 1896, sur 28 jours fériés il y a eu 2 journées à moitié tarif et 9 journées à quart de tarif.

peut être assuré en comptant sur l'avenir lui-même, quelque rassurantes que soient les prévisions.

Aux entrées à prix réduit correspond une diminution de recettes; il est donc prudent, en définitive, de ne les accorder que quand le budget est sûrement en équilibre.

Attractions. — Dans une Exposition, il faut faire gai, a dit Alphand, le grand maître. Cette phrase, nous l'avons souvent répétée; d'autres, avant nous, l'avaient prise comme programme, et nos successeurs ne manqueront pas de s'en recommander.

Comme le rire ne jaillit pas naturellement en fusées à la vue des machines, des sels chimiques ou des cahiers d'élèves, nous avons cru devoir, « pour faire gai », offrir aux visiteurs quelques distractions moins austères.

Le choix était grand, et nombreux les industriels qui se sont présentés : le métier d'amuseur public paraît lucratif. A tout accepter, nous eussions transformé l'Exposition en une vaste foire, ramassée sur une place carrée, au lieu d'être en longueur sur les boulevards, comme on la voit chaque année à Rouen, au mois de novembre.

Le problème à résoudre consistait à trouver des distractions (en langage d'Exposition on dit attractions) appropriées à tous les âges, pour les petits et les grands enfants.

Ce désir de plaire à tous nous fut vertement reproché.

Comme les attractions sont exploitées par des industriels qui en font métier et en vivent, nous ne pouvions songer à les offrir gratuitement aux visiteurs.

Aussi, l'Exposition était à peine ouverte qu'une rumeur habilement répandue dans la contrée représentait le Champ-de-Mars comme un gouffre d'argent que les fils de famille et les prodigues osaient seuls affronter, tellement la dépense était considérable pour qui voulait tout voir. A entendre nos détracteurs, c'était la première Exposition connue où les visiteurs fussent *écorchés* de la sorte.

Rendons toutefois cette justice à nos ennemis inconnus qu'ils ont apporté une certaine discrétion dans leurs critiques. Au nombre des attractions, et avec le Vieux-Rouen, les Nègres et le Jardin Enchanté, ils auraient pu comprendre le restaurant et les cafés qui ne manquaient pas d'amateurs. Ils ne l'ont pas fait.

Le Conseil supérieur a peut-être eu le tort de croire que les visiteurs ne s'astreindraient pas à tout voir, et que tel d'entre eux qui s'intéresserait au Vieux-Rouen trouverait peu de plaisir au Guignol et n'entrerait pas au Jardin Enchanté. Mais que n'eût-on pas dit si, prévoyant l'objection, nous eussions réduit encore le nombre des attractions?

En nous bornant à une douzaine au plus, nous avions conscience de rester dans une note à payer très modérée.

Sans parler de l'Exposition de 1889, où l'ascension seule de la Tour Eiffel obligeait à une dépense supérieure à tous les frais réunis de Rouen, nous avions sous les yeux l'exemple de Bordeaux.

Là, en plus de nos attractions payantes, on trouvait des tourniquets à l'aquarium, à l'ascenseur du Dôme, au sous-sol des fontaines lumineuses, à la maison électrique, bien d'autres encore; pour entrer, il fallait montrer pièce blanche. Nous n'avons pas entendu dire que les populations du Midi aient crié au scandale.

Nous pensons qu'on doit compter en Normandie avec un état d'esprit particulier, c'est pourquoi nous mettons nos successeurs en garde. Il faut, si on les critique, qu'ils puissent répondre : pour une Exposition où il y a des attractions, il n'y a pas d'attractions; pour une Exposition où il n'y a pas d'attractions, il y a des attractions.

En 1896, nous offrions comme attractions :

Des festivals et des auditions d'orgue ; une reconstitution d'un quartier du Vieux-Rouen; un théâtre; un guignol; un Diorama; un phototachygraphe; un microphonographe; un village noir; une couveuse d'enfants; un jardin enchanté; l'orchestre des pierres chantantes; une collection d'appareils automatiques.

La liste est bariolée, et pour l'énumération, le protocole n'est pas facile à établir, en raison, précisément, de la variété que nous avons cherchée dans les distractions.

En tête figurent les attractions exploitées par l'Exposition elle-même, Festivals et Vieux-Rouen.

Le Théâtre et le Guignol étaient entre les mains de fermiers qui avaient pris l'engagement de payer une redevance au Comité; mais, au bout de quelques jours, le Théâtre dut fermer; le Guignol ne survécut que grâce à des subventions.

Les autres attractions ont été exploitées, avec des succès divers, par des entrepreneurs qui abandonnaient à l'Exposition une fraction de leurs recettes.

Nous croyons devoir consacrer quelques pages aux attractions et, pour celles qui le comportent, mettre en regard recettes et dépenses, de façon que d'un coup d'œil on puisse voir l'appoint qu'elles ont apporté à l'Exposition.

Concerts. — Festivals. — Auditions d'orgue.

DÉPENSES.

Aménagement et décoration de la salle des Fêtes (1,078 places, 740 au rez-de-chaussée et 338 à la galerie)	37.161 f. 61 c.
Eclairage (installation, entretien, consommation)	6.609 49
Kiosque dans le jardin (construction et décoration)	6.520 22
Eclairage du kiosque (installation, entretien, consommation)	1.066 99
Orchestre (personnel, location de matériel)[1]	71.380 60
Festivals (frais spéciaux)	49.436 65
Droits d'auteurs	3.549 75
Droits des pauvres (Assistance publique)	1.411 10
Participation des artistes (séances d'orgue et concerts)	703 25
Publicité pour festivals et auditions	916 10
Assurance du matériel	290 95
	179.046 f. 71 c.

RECETTES.

Location des places (festivals)	24.994 f. » c.
— (auditions d'orgue)	3.256 50
Total	28.250 f. 50 c.
Déficit	150.796 21
	179.046 f. 71 c.[2]

1. L'orchestre, sous la direction de M. Brument, comprenait à l'origine 52 musiciens, dont 29 devaient être pris parmi les artistes de Rouen. Sur les 23 choisis au dehors, les deux tiers, au moins, devaient être diplômés des Conservatoires de Paris, Bruxelles ou Liège. Plus tard, l'orchestre fut renforcé d'un violon.

Il se donnait deux concerts par jour : l'un dans l'après-midi, avec une partie seulement des musiciens, de une heure et demie de durée; celui du soir, orchestre au grand complet, durait deux heures.

M. Brument avait traité à forfait, pour son personnel, à raison de 13,500 francs par mois. Les frais spéciaux aux festivals faisaient l'objet d'un compte séparé.

2. Nous avions pensé trouver un élément de recettes dans l'affermage des programmes des concerts et festivals; mais les journaux quotidiens de Rouen, sollicités par quelques lecteurs économes, en demandèrent communication et les publièrent. Le traité passé avec un entrepreneur à qui le Conseil avait accordé un monopole fit l'objet d'un procès, et, en fin de compte, dut être déchiré.

Un déficit aussi respectable n'a pas été sans nous surprendre. Non pas que le Conseil supérieur eût jamais rêvé d'équilibrer ce budget, mais il avait espéré que les festivals ne lui seraient pas à charge, escomptant le goût très vif que les Rouennais se reconnaissent pour la musique.

Aussi, les organisateurs s'étaient mis en frais pour préparer la liste des festivals et le programme de chacun d'eux. Les négociations avaient été délicates et longues avec les maîtres ; choisir les œuvres à interpréter, les artistes chargés de l'interprétation (des maîtres aussi, quoique de moindre mesure), et surtout vaincre la modestie des compositeurs et les amener à diriger eux-mêmes l'orchestre : effort de longue haleine.

Mme Augusta Holmès, MM. Massenet, Théodore Dubois, Lenepveu, Vincent d'Indy, Xavier Leroux, Joncières, Pierné, de la Tombelle, Widor, d'autres encore, se sont laissé convaincre et sont venus à Rouen.

Vif succès, comme de droit, auprès des auditeurs un peu clairsemés, malheureusement, dans la grande Salle des Fêtes.

La raison de l'indifférence du public ? Nous n'avons eu que trop d'occasions de l'indiquer ; à y revenir encore, nous craindrions de nous faire passer pour un prodigue enclin, par nature, à dénigrer les hommes économes et sages.

Nous préférons renvoyer le lecteur au sentiment nettement et courageusement exprimé par l'un des journaux créés à l'occasion de l'Exposition[1] :

« Si les concerts gratuits du soir sont assez suivis, il n'en est pas de même des festivals, qui font péniblement des demi-salles. Le prix des places est-il trop élevé ? Peut-être. Mais le prix des places n'est-il pas toujours trop élevé, fût-il de cinquante centimes, lorsqu'il s'agit, pour nos joyeux concitoyens, d'encourager une tentative artistique quelconque ? Il est entendu qu'à Rouen on adore la musique, mais en amant de cœur : le bon Rouennais n'aime pas à payer ses distractions. Douce ville pour les artistes. »

Avis à nos successeurs !

1. *Rouen-Exposition*.

VIEUX-ROUEN.

DÉPENSES.

Honoraires de l'architecte	5.000 f. » c.
Construction	52.200 »
Décoration	90.400 »
Dallage de la place	2.800 »
Aménagement et ameublement des boutiques	9.285 »
Costumes	5.500 »
Eau (canalisation et fourniture)	2.738 25
Assainissement	648 80
Eclairage (installation, entretien et consommation)	4.214 69
Représentations	3.615 80
	176.402 f. 54 c.

RECETTES.

Produit des entrées	81.787 80
Abonnements	1.445 »
Vente des costumes anciens	1.735 »
	84.967 f. 80 c.
Déficit	91.434 74
	176.402 f. 54 c.

Encore un déficit, inattendu celui-ci.

Le Vieux-Rouen a eu une destinée singulière. De l'avis général, avant l'ouverture de l'Exposition, il était le clou destiné à accrocher le succès. Nous étions donc en droit de compter sur de belles recettes.

En réalité, il n'y vint guère que le quart des visiteurs de l'Exposition.

Tous emportaient, en sortant, une impression durable ; pour quelques-uns, artistes et lettrés, c'était une restitution artistique des mieux réussies ; pour la masse, c'était une ville morte *bien imitée*. Ville morte, malheureusement. Les groupes y circulaient avec recueillement, parlant bas comme dans les cimetières, surpris et peut-être choqués de rencontrer une note gaie : le costume coquet de quelque bouquetière ou des servantes du tavernier.

Dès les premiers jours, un bruit se répandit : le Vieux-Rouen est mortellement triste. Le Conseil supérieur, bien convaincu de cette vérité, voulut lutter : il fit appel à la bonne volonté des joyeux artistes, qui ne manquent pas à Rouen. Des bateleurs se montrèrent en place publique, des représentations de farces et mystères « *moyen-âgeux* » furent organisées sur le parvis. Rien ne put triompher de l'apathie, et le jour de la fermeture de l'Exposition, nous cherchions encore la solution du problème.

Les représentations étaient suivies cependant, mais surtout par les abonnés ; le public restait à l'écart, éloigné par le prix élevé des entrées : il était perçu un franc, le prix ordinaire. Nous citerons encore, sur ce point, un passage du journal *Rouen-Exposition :*

« Grand et légitime succès est fait à ces réjouissances. Les entrées payantes ont faiblement diminué (!), mais les abonnés forment un nombreux et sympathique public. Vous comprenez, payer un franc d'entrée pour entendre un spectacle... gratis, c'est encore cher. Entendu, en effet, ce dialogue entre gens très fortunés :

« — Madame Untel est-elle allée voir les spectacles du Vieux-Rouen ?

« — Oh ! non, elle *ne peut pas* y venir, elle n'est pas abonnée !

« O Flaubert, ils ne sont guère changés, va ! »

Et, de fait, les représentations avaient eu pour résultat de faire diminuer le nombre des entrées payantes ; ce n'est pas l'une des choses les moins curieuses que nous ayons eu l'occasion d'observer.

Théâtre. — L'histoire du Théâtre est plus navrante encore. En voici le budget :

DÉPENSES.

Construction et aménagement[1]	16.032 f. 43 c.
Eclairage (installation, entretien, consommation)	11.935 48
Divers	300 »
	28.267 f. 91 c.

RECETTES.

Redevance perçue sur les entrées	102 f. » c.
Déficit	28.165 91
	28.267 f. 91 c.

1. La salle était élevée de quatre mètres environ au-dessus du sol ; le sous-sol n'était affecté qu'en partie aux services du Théâtre ; le Diorama de Madagascar y était installé ; il s'y trouvait encore une remise pour les chaises. Il est impossible d'indiquer quelle part de ces frais s'applique au Théâtre et quelle au Diorama ; le tout a été porté au compte « Théâtre ».

C'est deux mois seulement avant l'ouverture de l'Exposition que la construction du théâtre fut décidée en séance du Conseil, (mars 1896).

En novembre 1895, une première demande avait été adressée par des entrepreneurs de concerts : elle n'eut pas de suite.

Nous savions que le Casino annexé à l'Exposition de Bordeaux avait enregistré 150,000 entrées payantes, et nous en avions conclu qu'il y avait là un élément de distraction apprécié du public. Aussi, quand M. Pop, qui quittait, après une brillante direction, le Théâtre-Français de Rouen, vint proposer de créer le Théâtre de l'Exposition avec un séduisant programme, son offre fut acceptée et les travaux entrepris sans retard.

Encore une fois nous avions oublié qu'il y a, entre Bordeaux et Rouen, autre chose qu'une différence de latitude.

Le public n'affluait pas. Pour sauver leur entreprise, directeur et commanditaires demandèrent au Conseil supérieur son appui pour obtenir la concession d'un jeu de Petits Chevaux, qui fonctionnerait uniquement pendant le spectacle.

Les Petits Chevaux sont autorisés dans tous les casinos des plages, et il en existe de nombreux manèges en Normandie. Le Conseil, considérant que les visiteurs d'une Exposition peuvent être assimilés aux baigneurs des villes d'eaux, que la durée d'une Exposition n'est pas sensiblement plus longue qu'une saison balnéaire, que l'Administration ne deviendrait pas elle-même le tenancier et ne profiterait pas des profits réalisés, qui devaient servir uniquement à sauver une tentative reconnue artistique par tous les journaux de Rouen, résolut d'appuyer la demande. Il ne croyait pas que le jeu, dans ces conditions, dût offrir plus d'inconvénients à Rouen qu'à Dieppe, à Tréport ou à Saint-Valery.

Le 25 juin, l'autorisation, toujours révocable, fut accordée ; mais le 27, avant même que l'installation fût achevée, le *Journal de Rouen* s'éleva, avec énergie et au nom de la morale, contre une pareille concession. Elle fut retirée.

C'était l'arrêt de mort du Théâtre.

GUIGNOL. — Le Guignol était exploité par M. Caroly, qui devait payer une redevance au Comité. Le budget s'en établit comme suit :

DÉPENSES.

Construction	2.984 f. 63 c.
Subvention à M. Caroly	400 »
	3.384 f. 63 c.

RECETTES.

Redevance sur les entrées	64 f. 30 c.
Déficit	3.320 33
	3.384 f. 63 c.

Dans les premières semaines, le Guignol ne comptait guère d'auditeurs qu'au-delà de l'enceinte réservée et payante. Son succès ne s'est affirmé franchement que du jour où l'entrée a été déclarée libre ; les parents n'ont plus hésité alors à le promettre, comme récompense, aux enfants sages.

Le Diorama a, lui aussi, été une charge. Sans parler des frais de construction (nous ne pouvons les dégager du total dépensé pour le théâtre), il a coûté pour l'éclairage seul, installation de l'électricité et consommation de courant, 4,276 fr. 82, alors que la redevance versée à l'Exposition ne s'est élevée qu'à 1,812 fr. 40. Déficit : 2,464 fr. 42.

Ce déficit, relativement considérable, tient à la disposition adoptée pour le Diorama, qui ne pouvait être éclairé qu'artificiellement.

M. Tinayre, dont les toiles exposées au palais des Champs-Elysées, à Paris, avaient excité un vif sentiment de curiosité, insistait pour être admis à l'Exposition de Rouen.

Son installation, en raison du recul nécessaire pour voir les tableaux, exigeait un emplacement de grandes dimensions. On ne put le trouver que sous le théâtre alors en construction, et sans qu'il fût possible de s'éclairer par des baies ouvertes au dehors. De là la dépense d'électricité signalée ci-dessus.

Le succès obtenu à Paris permettait de mieux augurer des recettes à Rouen.

Toutes les attractions n'ont pas été aussi délaissées ; il en est qui ont brillamment réussi.

En première ligne, les Villages noir et malgache, de MM. Barbier.

L'Administration s'était réservé 7 0/0 des recettes brutes ; elle a encaissé 9,092 fr. 60 c., ce qui correspond à une recette de 129,894 francs.

Le succès d'argent a donc été plus considérable que pour le Vieux-Rouen, avec des frais moindres. C'est la seule comparaison qu'on puisse établir entre les deux attractions.

Grand succès encore pour les appareils automatiques : bascules, poules pondeuses, etc. On en a retiré, sans parler des boutons, des morceaux de fer ou de plomb, la somme coquette de 18,063 fr. 95. Une petite fortune formée de gros sous. Il y avait bien, dans le nombre, des non-valeurs : non qu'il s'agît de fausse monnaie, mais de pièces à l'effigie de souverains qui avaient cessé de plaire. Une somme de 18,063 fr. 95 en gros sous représente un poids de 1,806 kilog. 395 et la charge d'un camion [1].

Il nous a paru intéressant de comparer les entrées à l'Exposition et les entrées à celles des attractions qui ne pouvaient être ignorées des visiteurs, telles que le Vieux-Rouen et les Villages africains.

La comparaison est basée sur le montant des recettes encaissées.

Les entrées à l'Exposition ont donné 408,000 francs environ recueillis aux tourniquets, et 149,000 francs pour abonnements.

Au Vieux-Rouen, les abonnés étaient admis sur présentation de leur carte; il n'y a donc pas lieu de les faire entrer en ligne de compte. Les recettes ayant été de 83,000 francs environ, la proportion est de 20,34 0/0.

Aux Villages africains, les abonnés n'avaient pas leur entrée libre; il faut donc compter comme recettes d'entrées à l'Exposition 557,000 francs. Les recettes, à la porte du Village, ont été de 130,000 francs environ; la proportion est de 23,34 0/0.

Nous avons voulu faire un calcul analogue pour Bordeaux. Le Journal officiel de l'Exposition donne les renseignements suivants :

« Les établissements particuliers à l'Exposition — attractions et spectacles — ont été très fréquentés. Nous publions ci-dessous des indications *non officielles* sur le chiffre approximatif des entrées payantes dans les principaux d'entre eux :

Panorama	190.000
Villages annamite et africain.	160.000
Casino de l'Exposition	150.000

1. Citons encore comme recettes : du Palais des glaces, 1,876 fr. 85; des Couveuses d'enfants, 1,504 fr. 95; du Microphonographe, 529 fr. 30; des Pierres chantantes, 391 fr. 65.

Ne connaissant pas les recettes, nous nous sommes basés sur le nombre des visiteurs : les tourniquets ont enregistré 1,188,000 entrées à l'Exposition, qui comptait 28,000 abonnés ; en tout, 1,216,000 visiteurs.

Dans ces conditions, les rapports calculés sont :

Pour le Panorama	15,62 0/0
Pour les Villages annamite et africain .	13,16
Pour le Casino.	12,34

Nous n'ignorons pas que ces rapports ne sont qu'approximatifs, non-seulement parce que les chiffres de base ne sont eux-mêmes qu'une approximation, mais parce qu'ils sont incomplets. Il faudrait pouvoir y ajouter le nombre des visiteurs qui, reçus gratuitement à l'Exposition, devaient payer aux tourniquets des attractions.

Mais, de ces proportionnalités, et précisément parce qu'elles représentent des maxima, nous croyons pouvoir tirer la conclusion suivante : les entrées aux attractions, qui sont considérées comme les *clous* d'une Exposition, ne paraissent pas dépasser 20 0/0 du chiffre des entrées à l'Exposition elle-même.

Comme conséquence, si les organisateurs désirent qu'une attraction ne creuse pas un déficit, ils en doivent limiter les frais au chiffre obtenu en multipliant le prix qui doit être perçu à l'entrée par le cinquième du nombre prévu pour les visiteurs de l'Exposition.

Est-il besoin de dire que nous n'avons pas la prétention de donner ici une règle absolue et mathématique ; la qualité des attractions, la mode du jour, l'engouement du public peuvent jouer un rôle, en bien ou en mal. Mais il nous paraît sage de rester dans ces limites [1].

Recettes pour droits de place [2]. — Nous avons indiqué, dans un

1. Nous ne parlons que des Expositions de province. A Paris, dans les Expositions Universelles, en raison du nombre des attractions considérées comme des *clous*, la proportion doit être beaucoup plus faible ; il ne serait pas surprenant qu'elle tombât au quart ou au cinquième de ce que nous constatons pour la province.

2. Aux termes du Règlement général (art. 7), les exposants pouvaient être autorisés à fabriquer et à vendre leurs produits dans l'enceinte de l'Exposition, moyennant une redevance qui faisait, pour chaque cas, l'objet d'une convention spéciale. Le recouvrement de ces redevances a été laborieux, et il en est résulté nombre de conflits. Pour éviter les ennuis, il n'y a qu'un moyen : exiger les paiements d'avance.

précédent chapitre (page 29), le tarif des emplacements joint à notre règlement général.

Dans une Exposition, la location des places constitue le plus important, peut-être, des éléments de recettes : important par la quotité des sommes qu'il permet d'encaisser, important surtout par son caractère propre. Il dépend presque exclusivement des organisateurs, et les circonstances accidentelles qui influent sur les autres recettes sont ici sans action.

En effet, les emplacements sont retenus et les engagements pris avant l'ouverture de l'Exposition, pendant la période où l'on juge de l'entreprise par la bonne volonté et l'entrain de ceux qui y travaillent. On loue, sur plans, un château en Espagne.

Ce genre de location est d'un bon revenu pour le bailleur, mais à deux conditions: la première, c'est que les organisateurs aient la foi en l'avenir ; la seconde, c'est qu'ils ne se laissent pas apitoyer.

Il faut une foi robuste. Les mois qui suivent le premier envoi de règlements se passent à guetter au courrier l'arrivée des exposants. A part quelques amis et certains esprits méthodiques qui ne remettent jamais au lendemain, personne ne vient, personne, à l'exception des exposants qui doivent être admis gratuitement : ceux-là ne se font pas attendre.

Les jours glissent et l'inquiétude germe dans l'esprit ; dans quelques semaines l'Exposition doit ouvrir : c'est la période critique à traverser. Encore un peu de patience et les demandes afflueront, et les représentants, certains de ne pas obtenir de concessions et menacés d'avoir des emplacements médiocres, videront leurs dossiers.

La seconde condition (ne pas se laisser apitoyer) est plus facile à remplir, car le propre de la nature humaine est de mieux résister aux autres qu'à soi-même.

Il est sage de s'enfermer dans les termes du règlement où doivent se briser toutes les raisons invoquées par les quémandeurs. Les uns sollicitent une réduction de tarif en raison de l'intérêt que présentera leur exposition, les autres en faveur de son caractère humanitaire, ceux-ci parce qu'ils ne demandent que peu de place, ceux-là parce qu'ils en demandent beaucoup.

Le règlement doit rester inflexible : sinon on tombe dans l'arbitraire et le gâchis.

Rappelons ci-dessous les recettes portées au compte du Trésorier comme provenant des exposants :

Droits d'inscription : net . . .	25.936 f.55
Emplacements.	366.956 11
Droits de vente	33.578 35
Ensemble.	426.471 f.01

Il n'y a pas lieu d'insister sur des chiffres qui, par eux-mêmes, n'ont pas grande signification.

Mais il est un point intéressant à examiner : l'utilisation des surfaces disponibles.

Au point de vue des emplacements demandés, les exposants peuvent se classer en quatre catégories :

(*a*) Ceux qui, individuellement, n'occupent qu'une surface très restreinte, horizontale ou murale. C'est le cas de l'enseignement, chaque exposition ne comportant que quelques cahiers ou quelques livres. Les collections encombrantes forment l'exception.

(*b*) Les exposants qui peuvent réunir leurs produits dans un emplacement de quelques mètres, surtout en surface horizontale ; de ce nombre : les Arts libéraux, les Industries d'art, l'Habitation, le Vêtement, le Ménage et l'Alimentation, les Industries extractives, l'Electricité et le Gaz, les Colonies.

(*c*) Les exposants qui ont besoin de grandes surfaces : la Grande Construction mécanique, la Locomotion, l'Agriculture. Les emplacements de quelques mètres sont l'exception.

(*d*) Enfin, les exposants qui réclament surtout de la surface murale : les Beaux-Arts. Il n'y a guère, en effet, à se préoccuper dans cette catégorie que des tableaux, les statues étant destinées à jouer un rôle décoratif dans l'Exposition et pouvant être facilement casées sans qu'il soit nécessaire de les grouper.

Pour la place, l'Economie sociale tient à la fois des Beaux-Arts et de l'Enseignement, mais plutôt des Beaux-Arts. On trouve, surtout, à côté de quelques plans en relief, des livres qu'une tablette suffit à recevoir, et des tableaux de statistique à la vaste envergure. A Rouen, un seul exposant [1] demandait 300 mètres de surface murale.

1. Faute de place nous n'avons pu, à notre grand regret, l'admettre, bien que son exposition présentât un réel intérêt.

Les exposants admis à l'Exposition de 1896 ont été au nombre de 6,431 ; nous en donnons ci-après la répartition par groupes :

Groupe I.	Economie sociale	107	1.883
	Enseignement	1.745	
	Librairie	31	
— II.	— Les Arts libéraux		87
— III.	— Les Industries d'art		144
— IV.	— L'Habitation		103
— V.	— Le Vêtement		156
— VI.	— Le Ménage, l'Alimentation		461
— VII.	— Les Industries extractives		233
— VIII.	— La grande Construction mécanique		138
— IX.	— L'Electricité et le Gaz		50
— X.	— La Locomotion		36
— XI.	— L'Agriculture		120
— XII.	— La Navigation		19
— XIII.	— L'Algérie	312	448
— XIII.	— Les Colonies	136	
Expositions ouvrières			1.181
Beaux-Arts			838
Concours temporaires :			
Laiterie		303	444
Fruits		29	
Horticulture		112	

Sur ce nombre, 4,763 exposants ont été admis gratuitement, savoir :

Economie sociale	107
Enseignement	1.745
Algérie et Colonies	448
Expositions ouvrières	1.181
Beaux-Arts	838
Concours temporaires	444

Ci-après la répartition des emplacements concédés, dans les divers bâtiments de l'Exposition :

Dans le bâtiment principal :		
Galerie des Beaux-Arts	838	3.734
Galeries centrale et latérales	972	
Galerie des Machines	133	
Salon Parisien	35	
Galeries de l'Enseignement	1.745	
Promenoir	11	
A reporter		3.734

Report.	3.734
Galeries annexes de la Locomotion.	36
Galerie de l'Agriculture	355
Pavillon des Colonies.	136
— de l'Algérie.	312
— des Forêts	38
Galerie annexe de l'Art industriel (Dorangeon)	113
Concours temporaires (horticulture et fruits), sous des tentes.	141
Jardins	64
Galeries des expositions ouvrières	1.181
Total des emplacements attribués	6.110 [1]

Nous croyons devoir pousser plus avant cette étude d'apparence ingrate. Pour le lecteur, elle est sans intérêt; mais elle pourra être utile, plus tard, à nos successeurs ; ils y trouveront des documents qui nous ont fait défaut et dont l'absence a été la cause de bien des tâtonnements.

Notre désir serait de dresser un état des emplacements par nature d'expositions et d'indiquer les profondeurs généralement demandées ; de donner la proportion des surfaces occupées par rapport au nombre des exposants et à la superficie disponible.

Ce double renseignement a son intérêt; il procure un moyen d'établir des avant-projets d'emménagements dans des galeries de formes et de dimensions déterminées, en vue de la meilleure utilisation de la surface disponible. Il peut surtout servir à fixer d'avance la largeur la plus avantageuse à donner aux galeries, suivant leur destination.

Au point de vue des emplacements, nous avons classé les exposants en quatre catégories, classement sommaire qui n'a d'autre but que de dégrossir la question et de permettre d'en aborder l'examen par chapitres.

Avant de nous y lancer, rappelons en quelques mots la disposition adoptée pour les constructions de l'Exposition de 1896 [2].

1. La différence entre le nombre des emplacements attribués et le nombre des exposants s'explique par le fait que certains exposants n'occupaient qu'un seul emplacement, bien qu'ils fussent inscrits dans plusieurs classes.

2. Voir le plan annexé.

Au fond du Champ-de-Mars, un vaste tènement de bâtiments occupant une surface d'environ 20,000 mètres, en bordure sur le boulevard Gambetta et la rue du Champ-de-Mars. L'ensemble de forme sensiblement rectangulaire.

Voici la description qu'en donne l'architecte M. Ruel [1].

« Pour atteindre ce résultat [2], dans le bâtiment principal nous avons adopté le parti (réminiscence du Palais des sections industrielles à l'Exposition de Paris en 1889) d'une galerie centrale, perpendiculaire à celle des machines, et à laquelle aboutissent normalement, à droite et à gauche, six galeries de moindre importance.

» Complétant cette disposition, nous avons ajouté, en avant, et parallèlement à la façade, une galerie (Salon des Beaux-Arts) conduisant au Salon Parisien et à la Salle des Fêtes. Cette salle, devant avoir un accès direct en dehors de l'enceinte de l'Exposition, a été placée vers le boulevard Gambetta. »

Plus tard, il fut possible d'ajouter, en prolongement de l'une des petites galeries et en enclave dans la cour des baraquements militaires, un bâtiment réservé aux expositions de l'Enseignement.

En bordure du boulevard Gambetta, à droite et à gauche de l'entrée, s'étendaient deux galeries annexes destinées au groupe de la Locomotion.

Au bas de la contre-allée Saint-Paul, l'Exposition ouvrière : une galerie centrale avec des loggias intercalées, à droite et à gauche, entre les arbres de la promenade.

Plus haut, sur la même contre-allée, la longue galerie de l'Agriculture.

Dans le jardin, les pavillons des Colonies et de l'Algérie, ainsi que quelques expositions particulières, et derrière les baraquements le bâtiment où s'abritait le Musée industriel.

Dans son ensemble, l'Exposition de 1896 occupait une surface de 57,300^{m2}, décomposée comme suit :

Bâtiment principal	21.400
Galeries de l'Enseignement	935
A reporter.	22.335

1. *Revue illustrée de l'Exposition*, fascicule 3 ; J. Lecerf, éditeur.

2. La simplicité, qualité indispensable à la clarté.

Report	22.335
Galerie annexe A (Locomotion)	495
— B —	305
Galerie de l'Agriculture.	960
Musée industriel	625
Chai et Pavillon des Forêts	125
Aquarium.	140
Pavillon des Colonies	180
— de l'Algérie	200
Algérie artistique.	27
Pavillon de l'Océanie	56
Société de secours aux blessés militaires	194
Union des Femmes de France.	141
Couveuses d'enfants.	30
Théâtre.	1.100
Restaurant	400
Brasserie	14
Installations particulières dans les jardins.	102
— sur la terrasse Saint-Paul.	295
Exposition ouvrière.	875
Pavillon de l'Administration et annexes	725
	29.440

Vieux-Rouen	2.400
Terrasse du restaurant	230
— de la brasserie.	135
Théâtre des enfants.	100
Villages noirs.	2.550
Jardins.	22.425
	27.860

Dans la première colonne figurent les constructions qui abritaient des expositions ; dans la seconde, les emplacements non couverts ou couverts seulement en partie qui, pour la plupart, formaient par eux-mêmes des expositions.

L'Exposition de Bordeaux 1895 occupait une superficie de 108,042 mètres, dont 33.011 mètres de surfaces couvertes affectées aux exposants et 75.031 mètres consacrés aux jardins et aux attractions.

A Lyon, en 1894, les surfaces couvertes abritant des expositions occupaient 58.280 mètres à elles seules, sans parler des nombreux restaurants et cafés disséminés dans le Parc de la Tête d'Or. Rien à dire des jardins, un cadre qui n'a pas été créé en vue de l'Exposition.

En résumé, l'Exposition de Rouen, moitié moins grande que l'Exposition de Bordeaux, aurait tenu tout entière dans les seuls bâtiments de l'Exposition de Lyon.

Expositions particulières de peu d'étendue.

L'Enseignement. — Le pavillon spécial construit pour l'Enseignement, dans la cour des baraquements militaires, s'ouvrait sur l'une des petites galeries du bâtiment principal.

L'instruction est en grand honneur, et il n'est personne qui ne déclare lui porter un vif intérêt, intérêt platonique le plus souvent.

Il était donc indispensable que l'Enseignement occupât une place d'honneur dans les prospectus, circulaires et catalogues; il était moins utile qu'il vînt barrer la route aux visiteurs pour s'imposer à leur attention.

Tel fut l'avis des organisateurs qui, soucieux d'une installation confortable plutôt que brillante, et désireux d'être tout à fait chez eux pour y travailler à l'aise, demandèrent à être logés à l'écart, loin du bruit et de la foule.

Le bâtiment qui leur fut affecté couvrait une surface de 935 mètres; il était meublé de tables et de tablettes. Pour obtenir une surface murale suffisante, la construction fut divisée par des cloisons en sept pièces différentes.

1,745 exposants y furent installés, occupant 274^{m2} 86 de surface horizontale et 474^{m2} 92 de surface murale.

La surface utilisée en plan est donc seulement 29,40 0/0 de la superficie couverte, 70,60 0/0 étant réservés à la circulation.

La surface horizontale est, par rapport à la surface murale, dans la proportion de 57,86 à 100.

En moyenne, un exposant occupait 0^{m2} 16 de surface horizontale et 0^{m2} 27 de surface murale.

Expositions particulières d'étendue moyenne.

Dans cette catégorie se rangent : Les Arts libéraux, les Industries d'art, l'Habitation, le Vêtement, le Ménage et l'Alimentation, les Industries extractives, l'Electricité et le Gaz, les Colonies.

Presque tous les exposants de ces groupes étaient réunis dans la galerie centrale et les six galeries secondaires du bâtiment principal, ou bien dans le Salon Parisien, ou encore dans l'un des pavillons de l'Algérie et des Colonies.

Nous croyons devoir donner, avec quelques détails, dans le tableau ci-après, le classement, par galerie, des installations.

(Voir le tableau à la page suivante.)

DÉSIGNATION DES GALERIES	NOMBRE DES INSTALLATIONS HORIZONTALES PROFONDEURS DEMANDÉES						Murales	NOMBRE DES EXPOSANTS		SURFACES OCCUPÉES		
	1 mèt.	De 1 à 2 m.	2 mèt.	De 2 à 3 m.	3 mèt.	Au-dessus de 3 m.				HORIZONTALES		MURALES
Centrale (Divers)[1]	55	5	16	1	8	4	18	107	138	635.17	904.27	237.10
(Isolés) .	13	1	6	3	3	5	»	31		269.10		
A (Divers).	108	10	4	»	»	»	»	122	139	351.95	392.15	86.00
(Isolés) .	1	5	4	1	»	»	6	17		40.20		
B (Divers).	52	2	5	1	1	»	»	61	95	252.95	442.10	115.50[3]
(Isolés) .	5	3	1	3	7	2	13[3]	34		189.15		
C (Divers).	79	15	9	»	6	1	»	110	122	485.75	590.25	28.50
(Isolés) .	6	»	2	»	»	2	2	12		104.50		
D (Divers).	113	7	2	1	5	»	2	130	154	326.25	495.75	36.00
(Isolés) .	8	4	6	1	1	4	»	24		169.50		
E (Divers).	107	5	7	1	»	2	»	122	161	390.00	518.45	3.00
(Isolés) .	12	10	13	»	2	»	2	39		128.45		
F[2] (Divers).	18	4	2	3	»	4	»	31	56	263.65	454.20	284.00[4]
(Isolés) .	6	3	3	»	»	4	9	25		190.55		
Total des Divers .	532	48	45	7	20	11	20	683	865	2.705.72	3.797.17	
— des Isolés .	51	26	35	8	13	17	32	182		1.091.45		
Total général. . .	583	74	80	15	33	28	52	865		3.797.17		790.10

1. Installations accessibles sur une, deux ou trois faces.
2. Dans la galerie F se trouvait également l'exposition de l'Economie sociale ; il en sera parlé plus loin.
3. Dont sept verrières, occupant une surface de 75 m² 50.
4. Dans le nombre, les importantes expositions de Travaux publics.

Du tableau qui précède se peuvent tirer quelques renseignements statistiques.

Sur les 865 exposants appartenant aux groupes définis ci-dessus, et logés dans le bâtiment principal, 52 seulement, soit environ 6 0/0, ont demandé des surfaces murales[1]; cependant, l'ensemble des expositions murales représentait comme superficie 17,22 0/0 de la surface totale occupée.

Des 813 exposants locataires de surfaces horizontales, 150, soit environ 18 0/0, ont retenu des emplacements isolés, et d'une façon générale la proportion des installations isolées a été d'autant plus considérable que les surfaces demandées étaient plus étendues.

En moyenne, la surface horizontale a été, par exposant, de 4 ^{m} 67 : 7 ^{m} 27 pour les isolés et 4 ^{m} 08 pour les autres.

Comme étendue, les emplacements isolés étaient, par rapport aux autres, dans la proportion de 40,34 à 100; ils représentaient 28,72 0/0 de la surface totale occupée.

Au point de vue de la profondeur demandée :

	583	exposants, soit	71,70 0/0,	ont pris	un mètre carré[2];
	74	—	9,10	—	de un à deux mètres;
	80	—	9,85	—	deux mètres;
	15	—	1,85	—	de deux à trois mètres;
	33	—	4,05	—	trois mètres;
	28	—	3,45	—	au-dessus de trois mètres.
TOTAL...	813		100,00		

Il est intéressant de constater combien sont nombreux les exposants qui se contentent d'une profondeur de 1 mètre ; c'est de cette catégorie surtout qu'il faut se préoccuper dans la préparation du plan d'encombrement de galeries.

Le tableau ci-après donne, par galerie, dans le bâtiment principal, le rapport entre les surfaces couvertes et les surfaces occupées.

1. Dans ce nombre ne sont pas compris les exposants adossés à une muraille ou une cloison, et qui, usant du droit conféré par le Règlement général (art. 7), ont pu s'élever gratuitement jusqu'à une hauteur de trois mètres.

2. Il convient de rappeler que, aux termes du Règlement général (art. 7), les installations d'une profondeur moindre que 1 mètre étaient évaluées d'après leur longueur multipliée par un mètre.

DÉSIGNATION DES GALERIES	SURFACES COUVERTES	SURFACES OCCUPÉES	SURFACES restées libres	RAPPORT DES SURFACES	
				OCCUPÉES	LIBRES
Galerie centrale. .	2.284 ^{m2}	904.27	1.379.73	39,59 0/0	60,41 0/0
— A.	1.271 [1]	392.15	878.85	30,85	69,15
— B.	1.423	442.10	980.90	31,07	68.93
— C.	1.423	590.25	832.75	41,48	58.52
— D.	1.423	495.75	927.25	34.84	65.16
— E.	1.423	518.45	904.55	36,43	63,57
— F.	1.423	534.20 [2]	888.80	37,54	62,46
Totaux et moyennes . .	10.670 ^{m2}	3.877.47	6.792.83	36,34 0/0	63,66 0/0

La surface réellement utilisée dans les galeries représentait donc seulement un peu plus du tiers de la surface couverte. Au point de vue des recettes, le rendement était supérieur, en raison de la majoration des prix appliqués aux emplacements accessibles sur plusieurs faces. Pour les installations isolées, notamment, le tarif était doublé ; les exposants payaient donc en partie les passages réservés autour de leurs vitrines. De ce chef seul, il y aurait encore à compter comme surface donnée en location une superficie de 1,091 ^{m2}45, égale à la somme des emplacements retenus par les exposants isolés.

Dans ces conditions, sur 10,670 mètres couverts, 4,968 ^{m2} 5 (soit environ 46,5 0/0) devraient être considérés comme loués, et, si l'on tenait compte de la majoration de tarifs pour les installations accessibles sur deux et trois faces, la proportion dépasserait certainement 50 0/0 de la surface couverte.

Dans le Salon Parisien, les aménagements avaient été faits d'une façon spéciale ; le nombre des exposants se trouvait limité, et la pièce étant louée entièrement par le groupe, les organisateurs ne s'étaient préoccupés que de réaliser un ensemble harmonieux.

1. Cette galerie avait une surface disponible moindre que les similaires, en raison de la place prise par l'orgue et diverses annexes de la Salle des Fêtes.

2. Pour établir le coefficient d'utilisation de la galerie F, nous avons ajouté, aux 454 ^{m2} 20 inscrits au tableau précédent (page 132), 80 mètres carrés occupés en surface horizontale par les exposants de l'Economie sociale.

Sur 765 $^{m^2}$ de surface couverte, 24 exposants isolés ou adossés occupaient 498 $^{m^2}$ 5, soit 65,16 0/0 ; il restait pour les passages 266 $^{m^2}$ 5, soit 34,84 0/0.

La surface moyenne d'une installation était de 20 $^{m^2}$ 78.

La parfaite utilisation du Salon Parisien tient, entre autres causes, à ce que les exposants s'étaient groupés entre eux pour former une sorte d'exposition unique, installée par un même organisateur, sur les plans d'un architecte de talent.

Il en était un peu de même dans les pavillons des Colonies et de l'Algérie. Le Ministère des Colonies et le Gouvernement de l'Algérie avaient délégué, à Rouen, des Commissaires généraux chargés exclusivement des aménagements, Les exposants n'ayant pas eu à intervenir personnellement, il n'en était pas résulté de compétitions et de jalousies, et les produits pouvaient être placés côte à côte sans qu'il en résultât des récriminations. Et, cependant, il y avait des sacrifiés : les modestes sont fatalement condamnés à souffrir du voisinage des grands.

Le pavillon des Colonies mesurait 180 $^{m^2}$ de surface couverte ; 163 $^{m^2}$ étaient occupés par les exposants ; il ne restait donc pour les passages que 17 $^{m^2}$, soit 9,4 0/0.

Le nombre des exposants étant de 136, la surface moyenne calculée ressort pour chacun d'eux à 1 mètre 20 environ ; en réalité, elle devait être plus considérable, car beaucoup d'expositions étaient surtout murales. D'après les documents que nous avons en mains, le nombre des installations distinctes était de 49 ; installations distinctes plutôt par le mode d'agencement que par la destination, certaines d'entre elles étant communes à plusieurs exposants. Sur cette base, la superficie moyenne nécessitée par chaque groupement serait de 3 mètres 30.

Le pavillon de l'Algérie occupait une surface de 200 $^{m^2}$. Construit à la mode arabe, avec une cour intérieure agrémentée d'un jet d'eau, il ne laissait comme surface disponible pour les exposants et les passages que 167 $^{m^2}$ environ [1].

Dans cet espace, plutôt exigu, se trouvaient 312 exposants ; il est vrai que beaucoup d'entre eux n'étaient représentés que par quelques

1. Défalcation faite de la cour et de la surface occupée par le cabinet du Commissaire général.

bouteilles ou de menus sacs de grains. D'ailleurs, les bouteilles apparentes, vides pour la plupart, étaient soutenues par une réserve imposante de récipients pleins qui venaient, à tour de rôle, se vider à la table de dégustation.

Nous n'avons pas de renseignements assez précis pour établir la proportion exacte entre la surface utilisée et les passages réservés ; il semblerait que les passages occupaient environ 70 0/0 de la surface couverte.

De même, nous ne pouvons indiquer que très approximativement la superficie moyenne de la place réservée à chaque exposant : elle ne paraît pas dépasser 0 ^{m} 25.

Il est assez bizarre de constater que deux expositions aussi différentes que l'Enseignement et les produits de l'Algérie offraient une analogie marquée comme utilisation de la surface et comme dimensions des emplacements.

Expositions particulières de grande étendue.

La grande Construction mécanique. — La galerie des Machines, qui s'étendait sur toute la longueur du bâtiment principal, présentait une surface couverte de 4,940 ^{m2}. 133 exposants y avaient trouvé place et occupaient 3,003 ^{m2} 25 de surface horizontale et 20 ^{m2} de surface murale. Il ne s'y rencontrait pas que des constructeurs mécaniciens : parmi eux, des exposants de matériaux de construction.

A l'une des extrémités étaient rassemblés les générateurs de force motrice occupant ensemble 132 ^{m2} 70, 59 ^{m2} pour les chaudières[1], 61 ^{m2} 20 pour les appareils producteurs de gaz pauvre, et 12 ^{m2} 50 pour la cheminée[2] et son ventilateur.

La proportion de la surface utilisée était de 60,8 0/0 environ; celle des passages, de 39,2 0/0.

La moyenne de la surface horizontale occupée était de 22 ^{m2} 75; mais, sur les 132 exposants, 87, soit près de 66 0/0, avaient individuellement moins de 10 mètres, en moyenne 3 ^{m2} 96 ; l'emplace-

1. 2 chaudières Belleville. — 2 chaudières Babcock et Wilcox. — 1 chaudière Roser.

2. Cheminée en tôle, de hauteur moyenne, complétée par un accélérateur de tirage, système Prat.

ment le plus étendu mesurait 108 ^{m2} 50. Un seul exposant avait loué les 20 mètres de surface murale.

La Locomotion. — Les exposants du groupe étaient installés dans deux galeries, l'une à droite, l'autre à gauche de l'entrée. La surface couverte était, pour l'ensemble, de 800 m². 538 ^{m2} 75, soit environ 67,30 0/0, étaient occupés par les installations ; les passages ne prenaient donc que 32,70 0/0 de l'emplacement.

Là, se trouvaient 34 exposants ; l'emplacement moyen calculé ressort donc à 15 ^{m2} 80. Mais, sur les 134 exposants, 17, soit 50 0/0, occupaient moins de 10 mètres, en moyenne 4 ^{m2} 47[1].

Aux exposants réunis dans les galeries de la Locomotion il faut en ajouter deux autres, fabricants de bicyclettes, installés sous la galerie promenoir, auprès du dôme. Ils occupaient ensemble 64 ^{m2} 80, soit en moyenne 32 ^{m2} 40, ce qui, en définitive, porterait la surface moyenne par exposant de cette catégorie à 16 ^{m2} 75.

L'Agriculture. — Les expositions permanentes de l'Agriculture étaient installées dans une longue galerie sur la contre-allée de l'avenue Saint-Paul. C'est là également qu'ont été présentées les expositions temporaires de la laiterie, sur des tablettes, le long de la cloison. Beurres et fromages s'y ramollissaient à tour de rôle.

Défalcation faite de l'emplacement réservé à ces honorables produits, la surface disponible mesurait 940 ^{m2}.

586 ^{m2}, soit 62,34 0/0, étaient occupés par 52 exposants, et 354 ^{m2}, soit 37,66 0/0, réservés aux passages.

La surface moyenne d'une installation était donc de 11 mètres 27 ; mais, 29 exposants, 55,77 0/0, occupaient moins de 10 mètres, en moyenne 3 ^{m2} 04.

Deux exposants avaient loué de la surface murale ; sur 136 ^{m2} 50 s'étalaient des collections de fruits et de plantes textiles.

Expositions installées sur des surfaces murales.

Les Beaux-Arts. — Aux Beaux-Arts étaient affectés deux salons et le vestibule d'entrée, mesurant ensemble 2,580 ^{m2}. De ce groupe, il y a peu de choses à dire ; il est facile de calculer à l'avance la surface disponible à partir de la cimaise. Comme on connait les

1. Il est vrai que ces exposants n'étaient pas des constructeurs ; ils présentaient, pour la plupart, des harnais ou des vernis.

dimensions des tableaux présentés, et qu'il n'y a pas à se préoccuper de laisser entre eux d'espaces inoccupés, on peut aisément limiter le nombre des envois à admettre. Les difficultés commencent avec l'agencement des toiles, qu'il faut placer de façon à obtenir un ensemble pondéré et harmonieux et à ne pas perdre de place. Un travail aussi délicat ne peut être mené à bien que par des spécialistes doués d'un goût sûr et d'un coup d'œil exercé, à la fois architectes et artistes [1].

Economie sociale. — Les 107 exposants de la section d'Economie sociale avaient été installés dans l'une des petites galeries du bâtiment principal, dans le voisinage du groupe de l'Enseignement.

15 d'entre eux avaient retenu des emplacements horizontaux, et occupaient ensemble 80 $^{m^2}$, en moyenne 5 mètres 33 par installation.

Les 92 autres avaient des expositions murales couvrant ensemble 640 mètres de surface, soit 6 mètres 95 par exposant.

Toute la surface murale nécessaire n'avait pu être prise sur les cloisons même du bâtiment ; il avait fallu recourir à un artifice et installer de vastes panneaux.

Le plan adopté comportait des cloisons perpendiculaires à l'axe de la galerie, et formant à droite et à gauche une série de box.

Cette disposition présente deux inconvénients : elle coupe la galerie de façon disgracieuse et fait obstacle à la circulation, ce qui peut devenir dangereux.

Il eût certainement mieux valu orienter les panneaux dans le sens de la longueur de la galerie.

Des cloisons longitudinales, de faible épaisseur, n'eussent pas nui à la perspective, et l'écoulement de la foule, divisée en canaux parallèles, eût été régularisé.

De l'étude qui précède il résulte que le problème de l'utilisation des surfaces couvertes est des plus délicats en raison des besoins différents des exposants, suivant qu'il présentent tel ou tel produit.

C'est pourquoi nous avons cru devoir entrer dans des détails assez minutieux.

A titre de renseignements complémentaires sur le même sujet,

1. La Commission des Beaux-Arts s'était adjoint, pour l'installation du Salon, M. Louis Pretet, Commissaire général de la Société des Artistes français.

nous croyons devoir reproduire une note due à l'obligeance de M. Claret, l'organisateur de l'Exposition de Lyon :

DÉSIGNATION DES BATIMENTS	SURFACES COUVERTES	Surfaces occupées par les exposants	Surfaces laissées libres	RAPPORT DES SURFACES	
				OCCUPÉES	LIBRES
Bâtiment principal, coupole.	45.751	19.953	25.798	43,60/0	56,40/0
Arts religieux	2.114	676	1.438	32,0	68,0
Bâtiments de la Ville . . .	2.500	750	1.750	30,0	70,0
Beaux-Arts.	3.125	Exposition entièrement en surface murale.			
Génie civil.	1.458	583	875	40,00/0	60,00/0
Transports.	1.666	516	1.150	31,0	69,0
Agriculture	833	174	659	21,0	79,0
Générateurs	833	291	542	35,0	65,0
	58.280				

LOTERIE.—L'insuffisance prévue ou l'absence des recettes, en regard de certains chapitres des dépenses, ont décidé le Conseil à chercher une source nouvelle de revenus, en dehors de toute élévation de prix, qui eût pu, sinon éloigner, du moins mécontenter les visiteurs.

Nous avions cette préoccupation bien avant l'ouverture de l'Exposition, à une époque où nous pouvions croire que le public ne trouverait pas exagérées les redevances perçues à nos tourniquets, parce que, pour les établir, nous nous étions conformés aux usages et aux précédents.

Dès 1895, nous comptions que la Musique créerait un déficit, et que les dépenses faites pour les Beaux-Arts, pour l'Economie sociale, pour l'Enseignement, pour l'Algérie, pour les Colonies, pour les Concours temporaires, ne seraient pas couvertes par des recettes correspondantes[1]. Sur le sort même du Vieux-Rouen, il pouvait y avoir de l'inquiétude.

1. Ces expositions (sans tenir compte des concours temporaires) ont occupé, comme surface horizontale : les Beaux-Arts, 2,580 mètres carrés ; l'Economie sociale, 80 mètres carrés ; l'Enseignement, 935 mètres carrés ; l'Algérie, 227 mètres carrés ; les Colonies, 226 mètres carrés ; ensemble, 4,048 mètres carrés. En prenant les bases d'évaluation établies ci-dessus, on peut estimer à plus de 50,000 francs les recettes, pour location d'emplacements, qui n'ont pas été réalisées.

Pour augmenter nos revenus, nous n'avions pas le choix des moyens : il fallait organiser une loterie.

Les loteries ont cet avantage qu'elles constituent un impôt perçu seulement sur des contribuables de bonne volonté ; avant le tirage, personne ne se plaint.

Nous trouvions, d'ailleurs, par l'achat des lots, une occasion d'être agréables à nombre d'exposants, et de dédommager certains autres qui s'étaient mis en frais pour figurer dans nos galeries.

Dans la séance du 30 juillet 1895, le Conseil supérieur avait fixé à 1 franc le prix du billet, et à un million le nombre des billets à émettre ; c'étaient les chiffres adoptés à Bordeaux.

Au retour des vacances, le 29 octobre, le montant de l'émission fut réduit de moitié et ramené à 500,000 francs. Entre temps, nous avions pris plus amples renseignements, et avions appris avec quelle difficulté la Société Philomathique avait obtenu sa loterie ; il paraissait donc sage, en prévision de retards possibles, de ne pas multiplier le nombre des billets à placer, le délai imposé pour le tirage ne devant pas, selon toutes probabilités, dépasser de beaucoup la durée de l'Exposition.

On ne saurait croire combien longue et combien tortueuse est la route qui conduit à une loterie.

L'accès, à première vue, paraît interdit. « Les loteries de toute espèce sont prohibées. » (Loi du 21 mai 1836, art. 1er.) Aussitôt ce principe général nettement établi, la loi le démolit par un article suivant (art. 5), et admet « les loteries d'objets mobiliers exclusivement destinées à des actes de bienfaisance ou à l'encouragement des arts », mais à la condition qu'elles seront autorisées dans les formes prescrites. L'ordonnance du 29 mai 1844 précise et donne aux Préfets le droit d'autoriser, sur la proposition des Maires, les loteries « d'objets mobiliers exclusivement destinées... (voir ci-dessus) ».

Il semble donc, en définitive, que ce soit chose aisée d'obtenir une loterie, pour le bon motif s'entend.

Si l'Exposition ne constituait pas à proprement parler un acte de bienfaisance, non plus qu'un encouragement aux Arts, elle pouvait, du moins, se recommander suffisamment de l'un et de l'autre de ces titres. A coup sûr elle ne représentait pas un intérêt particulier et égoïste.

Nous pensions donc pouvoir arriver facilement au but, ce en quoi nous nous trompions : on nous le fit bien voir.

Tout d'abord, il fallut frapper à une autre porte que celle indiquée par l'ordonnance de mai 1844. Quand les loteries dépassent un certain chiffre, les Préfets, paraît-il, ne sont plus compétents. La Chambre doit être consultée et l'autorisation donnée par le Ministre de l'Intérieur lui-même.

Nouvelles portes à entr'ouvrir ou à forcer, ce qui demande du temps.

La loterie fut officiellement demandée à la fin de 1895. En janvier 1896, une première démarche, par la Municipalité et le Conseil supérieur, fut tentée auprès de M. le Garde-des-Sceaux Ricard, pour obtenir son appui. D'autres suivirent, au Ministère de l'Intérieur, moins imposantes, mais également pressantes.

En avril, nous n'avions pas avancé d'un pas. En mai, il fallut tout recommencer : le Ministère avait changé.

Le 23 juin, la Chambre, sur les instances des Députés de l'arrondissement de Rouen, émettait un vote favorable, et le 1er juillet, l'arrêté ministériel si impatiemment attendu paraissait enfin.

Autorisation d'émettre pour 500,000 francs de billets ; limitation des dépenses à 36 0/0 du capital, soit à 180,000 francs : 6 0/0 pour frais d'émission et 30 0/0 pour achats de lots.

Le Conseil décida de répartir les 30 0/0 comme suit :

60,000 francs pour lots en espèces, dont un gros lot de 50,000 fr. ;

50,000 — pour achats dans la section des Beaux-Arts ;

40,000 — pour achats de lots dans les autres sections, et surtout à l'Exposition Ouvrière.

L'impression des billets, d'après un dessin de Philippe Zacharie, fut poussée activement par la maison Chaix, et les premiers billets furent mis en vente dès le 14 juillet.

Comme le temps pressait, et que le placement en ville et dans l'enceinte de l'Exposition eût donné des résultats insuffisants, le Conseil s'adressa à M. Staude, qui avait été chargé de l'émission à Bordeaux, et disposait d'une organisation spéciale très complète. A dater du jour où M. Staude prit en main la vente des billets, le placement commença réellement au dehors, soit par correspondance, soit par dépôts. Il fut lent d'abord, trop lent à notre gré.

Ne disait-on pas autour de nous que la loterie ne réussirait pas, qu'il serait placé à grand peine un tiers des billets, qu'on serait obligé, pour les écouler, de les céder au rabais, à 0 fr. 50 et même à 0 fr. 25, et que les malins avaient raison d'attendre. On a beau avoir une foi robuste, les prédictions de mauvais augure laissent une trace, surtout lorsqu'elles tombent dans des périodes de découragement. Or, nous étions en pleine saison pluvieuse, et les vacances n'avaient pas amené les visiteurs attendus.

Nous croyons devoir donner, à titre de renseignement, la marche suivie par le placement des billets.

PENDANT L'EXPOSITION.

Du 15 au 31 juillet.	7.000	billets.
Du 1er au 15 août	30.500	—
Du 15 au 31 août	27.500	—
Du 1er au 15 septembre	30.000	—
Du 15 au 30 septembre	30.000	—
Du 1er au 15 octobre.	57.500	—
	182.500	billets.

APRÈS L'EXPOSITION.

Du 15 au 31 octobre.	60.000	billets.
Du 1er au 15 novembre.	72.500	—
Du 15 au 30 novembre.	30.000	—
Du 1er au 15 décembre.	25.000	—
Du 15 au 31 décembre.	42.500	—
Du 1er au 15 janvier 1897.	87.500	—
	317.500	billets.

A première vue, on est frappé de trouver dans le tableau deux maxima : l'un, très accusé, qui correspond à la première quinzaine de novembre ; l'autre, du 1er au 15 janvier, immédiatement avant le tirage.

Dans les derniers jours, les demandes sont arrivées plus nombreuses que jamais, et le lot de billets était épuisé qu'elles affluaient encore. M. Staude ne fut pas surpris de cet empressement à la dernière heure ; il y comptait, pour l'avoir observé à toutes les émissions, et nous l'avait annoncé. A son avis, il eût été possible de placer 100,000 billets de plus.

Le maximum constaté, du 1er au 15 novembre, est dû à une cause analogue; le tirage avait d'abord été fixé au 15 novembre, et les indécis n'avaient pris un parti que dans les dernières semaines.

L'influence de l'Exposition sur le placement des billets paraît peu sensible. Les ventes réalisées en août et septembre, pendant l'Exposition et du 15 novembre au 15 décembre, après la fermeture, sont du même ordre.

Il semble donc prudent, pour une émission de billets de cette importance, de créer des moyens de placement au dehors, ou mieux, d'avoir recours à une agence spécialement outillée.

En même temps qu'il achetait des lots, le Conseil en demandait aux exposants ; il put ainsi en réunir 681, tous de valeur, et quelques-uns, notamment dans la section des Beaux-Arts, d'un grand prix.

L'exposition en fut faite d'abord dans le salon des Beaux-Arts, au Champ-de-Mars ; puis, après la fermeture, dans la grande salle du Palais des Consuls, obligeamment mise à notre disposition par la Chambre de Commerce.

Le tirage eut lieu le 15 janvier, à l'Hôtel-de-Ville, dans la grande salle du rez-de-chaussée, sous la surveillance des Membres de la Commission nommée par le Ministre et du Conseil supérieur.

Le gros lot de 50,000 francs fut tiré le premier, en présence d'une assistance nombreuse et recueillie ; on sentait qu'une fortune allait passer.

L'opération, faite à l'aide de roues du système Fichet, roues employées au tirage des obligations du Crédit Foncier et de la Ville de Paris, dura de 10 heures du matin à 4 heures 45 du soir, avec une vitesse de deux lots à la minute. Que de châteaux en Espagne démolis en quelques heures !

Budget de la Loterie.

DÉPENSES.

Achats de lots	143.024 f. 20 c.
Commission de placement	30.000 »
Publicité spéciale	30.000 »
Frais divers (billets, exposition des lots, tirage, etc.)	6.605 10
	209.629 f. 30 c.
Bénéfice	299.607 05
	509.236 f. 35 c.

RECETTES.

Vente de billets	500.000 f. » c.
Vente des listes	97 55
Produit de la vente des lots non réclamés	9.138 80
	509.236 f. 35 c.

Après l'examen des recettes et des chapitres qui comportent à la fois recettes et dépenses, abordons l'étude des dépenses qui n'ont pas une contre-partie apparente.

Batiments. — Les travaux de construction, d'aménagement et d'installation des bâtiments ont fait l'objet d'adjudications ou de marchés successifs.

Le premier lot, de beaucoup le plus important, formé de la Salle des Fêtes et du Salon Parisien, des Salons des Beaux-Arts et de la Galerie centrale, des Galeries latérales et de la Galerie des Machines, avait été adjugé, dès le 4 février 1895, à MM. Blanchet et Villette, pour la construction seulement, moyennant le prix uniforme, en location et à forfait, de 11 fr. 85 c. par mètre[1].

En cours de travaux, diverses modifications furent apportées au projet primitif, et la dépense totale s'éleva à.	247.676 f. 55 c.[2]
Dépenses pour l'aménagement spécial de chacune des parties, en raison de son affectation particulière :	
Salle des Fêtes (1,078 places : 740 au rez-de-chaussée, 338 en galeries)	37.161 61
Salon Parisien	3.889 19
Salons des Beaux-Arts	15.114 12
Galeries centrale et latérales	23.528 96[3]
Galeries des Machines	77.971 12
2e Lot (*Dôme et Façade*).	
Construction	50.000 »
Décoration	49.069 72
3me Lot.	
Exposition Ouvrière	23.889 97
Galerie de l'Agriculture	16.032 43
4me Lot.	
Galeries de la Locomotion	15.862 31
Galeries de l'Enseignement.	14.171 82
A reporter.	574.367 f. 80 c.

1. Voir page 15.

2. Pour 19,835 mètres couverts, soit 12 fr. 4867 par mètre.

3. En particulier, installation d'une voie Decauville et d'un treuil roulant pour faciliter la mise en place des colis. Les manutentions entrent dans ce chapitre pour une somme de 10,000 francs environ.

Report. . . .	574.367 f. 80 c.
5me Lot.	
Diorama et Théâtre	16.032 43
Pavillon de l'Algérie	12.717 48
Pavillon des Colonies (Indes et Indo Chine)	8.576 75
Musée industriel.	6.480 49
Travaux divers.	
Entrées	13.833 74
Clôtures provisoires pendant les travaux.	795 50
Clôtures définitives.	6.618 71
Pavillon de l'Océanie	2.177 20
Kiosque de la Musique	6.520 22
Théâtre des Enfants	2.984 63
Infrastructure du Palais des Glaces	1.000 »
Bureau de tabac.	630 »
Pavillon des Pierres chantantes.	517 37
Installation des Concours temporaires	7.685 43
Assainissement	3.969 70
Voie ferrée pour le service de l'Exposition	4.566 19[1]
Transport et installation des tableaux et statues dans les salons des Beaux-Arts	25.775 72
Total.	695.249 f. 27 c.

Les Jardins. — Les jardins proprement dits avaient une surface de 22,000 mètres. Leur budget s'établit comme suit :

Honoraires de l'Architecte paysagiste	2.730 f. » c.
A reporter.	2.730 f. » c.

1. Il y a lieu de défalquer de cette somme 1,990 francs portés en recettes au compte revente de matériel, de sorte que la voie ferrée n'a coûté en réalité que 2,576 fr. 19 c.

Il n'eût pas paru déraisonnable de demander à la Compagnie du Nord de prendre à sa charge l'établissement de la voie de garage de l'Exposition.

Sans elle les manœuvres eussent été singulièrement compliquées sur l'unique voie qui relie les quais de la rive droite à la grande ligne. Il eût fallu, plusieurs fois par jour, pour livrer passage aux trains de marchandises, conduire à la gare du Nord les wagons en cours de chargement ou de déchargement, et les ramener en place le service fini. En définitive, l'embranchement particulier sollicité dans l'intérêt des exposants a rendu service à la Compagnie, et c'est l'Exposition qui a payé.

Ajoutons, à ce propos, que le service du port a été fait régulièrement pendant toute la durée de l'Exposition sans qu'il en résultât d'accident. La voie était fermée par des barrières cadenassées, à l'entrée du Champ-de-Mars, côté de la gare du Nord, et à l'entrée du tunnel sous l'avenue Saint-Paul. Quand un train était signalé, les gardiens disséminés dans les jardins avaient la consigne de se rendre le long de la voie et d'empêcher les promeneurs de passer; à la traversée des allées, ils tendaient les chaînes qui, en temps ordinaire, barraient la voie elle-même.

C s précautions scrupuleusement observées ont été largement suffisantes, et il n'a pas été besoin d'enclore la voie sur toute sa longueur, comme l'avait demandé tout d'abord l'Administration, dans le but louable de mettre à couvert sa responsabilité.

Report		2.730 f. » c.
Création et entretien :		
Travaux préliminaires.	385 f. 90 c.	44.361 78
Forfait avec M. Garet	35.850 »	
Travaux supplémentaires :		
Modifications et plantations de grands arbres . .	5.775 50	
Travaux divers :		
Socles de statues, parasols, etc.	2.350 38	
Fourniture d'eau : [1]		
Arrosage	1.612 59	4.029 11
Cascade.	2.416 52	
Eclairage :		
Canalisation et fourniture de gaz.	8.779 63	17.469 23
Projecteurs électriques et consommation de courant.	8.689 60	
Total.		68.590 f. 12 c.

En considérant la dépense totale, le prix du mètre est revenu à 3 fr. 118 ; en tenant compte seulement de la création et de l'entretien proprement dits, y compris les honoraires de l'Architecte paysagiste, le prix se ramène à 2 fr. 141. En 1884, les jardins occupaient 9.000 m² environ (défalcation faite des constructions qui s'y trouvaient) ; ils ont coûté, d'après le rapport de M. Lebon, pour la création et l'entretien seuls, 22,517 fr. 95 c., soit 2 fr. 502 par mètre.

Au jardin se rattachent l'aquarium et le chai, qui ont coûté ensemble 17,061 fr. 90 c.

Pour terrassements	1.729 f. 92 c.	17.061 f. 90 c.
Pour maçonneries	5.000 »	
Pour enrochements	9.122 25	
Divers (ferrures, glaces, peintures, rayons) . . .	1.209 73	

L'aquarium était alimenté par l'eau de la ville ; en général, les poissons y paraissaient à l'aise, à l'exception de certaines espèces qui, plutôt que de s'en contenter, ont mis une obstination évidente à périr.

Bureaux. — Les premiers bureaux avaient été installés quai du Havre, dans une boutique prise en location ; ils y sont restés du du 1er janvier à fin octobre 1895, puis ont été transportés dans la

1. Nous n'avons pu faire entrer en ligne de compte l'installation des conduites, faute de pouvoir dégager du relevé de la Compagnie les travaux et fournitures propres aux jardins.

Maison normande du Champ-de-Mars. Nous avons dit que nous considérons cette combinaison comme peu avantageuse (p. 53). Voici, d'ailleurs, en détails, ce chapitre du budget :

Occupation des locaux :		
Location quai de Paris	947 f. 35 c.	21.473 f. 47 c.
Construction et aménagement du pavillon au Champ-de-Mars	17.310 22	
Construction des annexes	3.215 90	
Installation et mobilier		8.559 65
Chauffage et éclairage :		
Chauffage	1.518 »	3.182 65
Eclairage au gaz du bureau quai du Havre	41 35	
Eclairage électrique du pavillon du Champ-de-Mars	1.623 30	
Téléphone :		
Appareils	970 65	2.296 65
Abonnements, redevances à l'Etat et divers	1.326 »	
Frais de bureau		9.654 90
Total		45.167 f. 32 c.

Personnel. — Les frais de personnel se sont élevés à 204,993 fr. 60 c.

Honoraires du Directeur	10.000 f. » c.	37.363 f. 20 c.
— de l'Architecte [1]	19.633 20	
— de l'Architecte du Vieux-Rouen	5.000 »	
— de l'Architecte paysagiste	2.730 »	
Appointements et gratifications :		
Gardiens et contrôleurs		89.484 »
Bureaux		40.370 15
Trésorerie (y compris le service des tickets et de la loterie)		12.147 »
Services de la Direction		11.174 50
Beaux-Arts		3.184 »
Chauffeurs		1.358 50
Bureau de tabac		1.145 »
Costumes des gardiens et contrôleurs		8.767 25

L'Exposition avait encore à rémunérer divers services qu'elle n'avait pas organisés elle-même, mais qui avaient été installés, pour ses besoins, au Champ-de-Mars, par la Ville ou les Administrations publiques : les pompiers, avec une dépense de 9,248 fr. 15 c.; les

1. M. Ruel a abandonné, à titre de subvention volontaire pour couvrir le déficit, à peu près la moitié de ses honoraires.

préposés de l'Octroi, 966 fr. 75 c., et l'Agent des Postes et Télégraphes affecté au bureau de l'Exposition, dont les appointements se sont élevés à 625 francs. A ces divers services réunis correspond une dépense de 10,839 fr. 90 c.

Les frais de personnel représentent plus de 10 0/0 du budget des dépenses; c'est miracle qu'ils ne soient pas plus élevés.

Les Expositions, n'appartenant à personne, appartiennent à tout le monde. D'autre part, leur champ est tellement vaste qu'elles semblent carrières ouvertes à toutes les capacités et aussi aux incapacités.

Les recommandations y pleuvent dru. Rares sont les sages qui mettent en balance le profit des solliciteurs et l'intérêt des Expositions; nous en pourrions citer, cependant, qui ne nous ont jamais rien demandé, bien que, en raison de leur situation, ils aient été harcelés par les quémandeurs.

Vis-à-vis des autres, il faut se défendre; mais les défenses sont fragiles comme les digues de sable élevées par les enfants contre le flot des plages : elles n'arrètent pas la marée montante.

Mieux vaudrait inscrire d'avance au budget une somme fixe, sous la rubrique : « Sinécures à rétribuer ». Une fois le crédit épuisé, les refus seraient fortement motivés.

Quant aux employés nécessaires et utilisables, on les recruterait à part, sous la responsabilité des chefs de service, qui sont intéressés, eux, à la bonne marche de l'entreprise.

Publicité.

Mensualités aux journaux [1]	20.800 f. » c.
Comités de Paris et de Bordeaux	5.186 70
Conférences dans les stations balnéaires de la côte	1.650 »
Affiches, timbres et affichage	20.555 80
Imprimés divers et frais de poste	36.159 60
Total.	84.352 f. 10 c.

Nous sommes heureux de répéter que le concours de la Presse du département a toujours été gratuit; à Rouen, les journaux

1. Voir la note page 24.

parlaient chaque jour de l'Exposition et inséraient gracieusement toutes les communications qui leur étaient adressées par le Comité. Les mensualités ne s'appliquent donc qu'à des journaux de Paris ou des autres départements.

Assurances.

Assurances :	
Des risques du Comité[1]	12.656 f. 60 c.
Contre le recours des exposants	1.408 45
Contre le recours des voisins	371 40
Spéciales aux Beaux-Arts	4.638 45
Des instruments, partitions et mobilier de l'orchestre	290 95
Du matériel de l'éclairage électrique	565 »
Diverses	297 30
Total.	20.228 f. 15 c.

Rappelons que les bâtiments, pris en location par le Comité, étaient assurés aux frais des entrepreneurs-propriétaires, et que les exposants, aux termes de l'article 11 du Règlement général, devaient assurer eux-mêmes leurs produits, s'ils le jugeaient à propos.

Eau.

Canalisation générale dans les jardins et les galeries		24.787 f. 45 c.
Canalisation au Vieux-Rouen		1.210 13
Consommation :		
Arrosage des jardins	1.612 f. 59 c.	10.408 44
Cascade	2.416 52	
Galeries	925 28	
Machines	3.925 95	
Vieux-Rouen	1.528 10	
Total		36.406 f. 02 c.

L'eau était livre à l'Exposition, par la Compagnie générale des Eaux, au prix de 0 fr. 07 c. le mètre cube[2]. La consommation a donc atteint 148,692 mètres cubes, en moyenne 950 mètres par jour[3]. Nous devons appeler l'attention sur la consommation de la

1. Voir page 24.

2. La Compagnie des Eaux était autorisée à pratiquer ce prix par une délibération du Conseil municipal, en date du 9 août 1895.

3. En 1884, la consommation avait été de 128,139 mètres cubes pour 122 jours, en moyenne 1,050 mètres par jour.

Cascade, qui représente à elle seule 34,522 mètres, en moyenne 221 mètres par jour.

Pendant la première semaine, l'eau y jaillissait jour et nuit; puis des intructions furent données à l'Agent de la Compagnie, qui n'ouvrit en grand que l'après-midi, et le soir à l'heure du concert. D'une façon générale, d'ailleurs, la vanne n'était jamais entièrement fermée, et l'eau qui tombait goutte à goutte des enrochements suffisait à animer ce coin du jardin.

L'arrosage des pelouses, des massifs et des allées, a nécessité 23,027 mètres cubes, en moyenne 148 mètres par jour. Il ne faut pas se dissimuler que cette moyenne n'a aucune signification; la pluie ne s'est chargée que trop souvent de l'arrosage. Il en est certainement résulté une économie que nous avons d'ailleurs payée très cher.

Sur les 156 jours de sa durée, l'Exposition a été ainsi arrosée gratuitement 68 fois, et, souvent, avec une abondance telle que l'humidité persistait pendant plusieurs jours. Il faut compter que les 23,000 mètres ont été dépensés en 75 jours seulement, ce qui représente, en moyenne, 320 mètres par jour pour environ 22,000 mètres carrés de jardin ou d'allées.

En regard de la dépense, il y a lieu d'inscrire une recette de 378 fr. 97 pour eau vendue aux exposants, au prix de 0 fr. 15 le mètre.

Gaz. — L'éclairage des jardins et de la galerie de l'Agriculture avait été réservé au gaz.

La Compagnie fournissait, en outre, le gaz aux exposants, comme force motrice.

Ci-après le relevé des dépenses de l'Exposition :

Installation et entretien des conduites et des appareils :			
Dans les jardins et les W.-C	6.216 f.	05 c.	6.782 f. 55 c.
Dans la galerie de l'Agriculture	566	50	
Consommation de gaz :			
Dans les jardins	2.563	58	6.383 26
Dans les W.-C.	467	»	
Dans la galerie de l'Agriculture	512	72	
Pour le ventilateur de la galerie des machines.	2.506	86	
Pour le moteur Niel	177	84	
Dans le Village noir	155	26	
Dépense totale. . . .			13.165 f. 81 c.

Il résulte de cet état que les frais d'installation et d'entretien représentent plus de la moitié de la dépense totale : 51,5 0/0. En faisant un calcul analogue pour l'électricité, on trouve 58,5 0/0. La comparaison amènerait à conclure en faveur du gaz (toutes considérations autres que l'économie écartées), pour une installation passagère ; nous devons faire observer, toutefois, que la comparaison n'est pas rigoureuse, en ce sens que les deux éclairages n'étaient pas en service dans des parties semblables de l'Exposition, et que, par suite, les appareils étaient de nature bien différente, plus luxueux, en général, pour l'électricité employée sur la façade et dans la Salle des Fêtes.

De plus, le Théâtre n'a fonctionné que peu de jours, et la dépense de courant n'est guère que le dixième de la dépense d'installation.

Enfin, plus de 40 0/0 de la consommation du gaz ont été employés comme force motrice, c'est-à-dire sans entraîner à des dépenses d'appareillage autres que les conduites.

Le gaz était fourni par la Compagnie Européenne, autorisée, par une délibération du Conseil municipal en date du 9 août 1895, à le livrer à l'Exposition à des prix réduits : 0 fr. 25 le mètre cube pour l'éclairage et 0 fr. 20 pour la force motrice, la Compagnie prenant à sa charge les frais de branchement des exposants. De plus, la Ville faisait l'abandon, sur la consommation de l'Exposition elle-même, des 0 fr. 02 c. par mètre qu'elle s'est réservé le droit de percevoir ; le Comité ne payait donc son gaz que 0 fr. 18 le mètre.

La consommation totale de l'Exposition a atteint 35,463 mètres, dont 14,915 mètres — soit 42 0/0 — comme force motrice pour la galerie des machines.

En regard de la dépense, il y a lieu d'inscrire une recette de 127 fr. 30 pour participation de l'Exposition dans les fournitures de gaz aux exposants, 5 0/0 des recettes réalisées par la Compagnie.

Le chapitre qui suit est consacré à l'éclairage électrique ; on verra, par comparaison, que la part faite au gaz était réduite, peut-être trop réduite. Mais, en 1896, le bec intensif Auer n'avait pas encore fait ses preuves dans l'éclairage public, et nous sommes excusables d'avoir hésité à l'employer.

Il faut remarquer, d'ailleurs, que ce bec, en raison de sa forme lourde et de sa lumière verdâtre, se prête mal à certaines décorations ; les lampes à incandescence, au contraire, se groupent aisément pour former des lustres, et leur éclat est d'un ton plus chaud.

Eclairage électrique.

	Installation	Consommation — Eclairage	Consommation — Force motrice	Main-d'œuvre entretien et réparations	Matériel hors d'usage remplacé	TOTAL
	FR. C.	FR. C.	FR. C.	FR. C.	FR. C.	FR. C.
Bureaux.	719 15	758 13	» »	114 27	31 75	1.623 30
Salle des Fêtes. . . .	3.410 79	2.740 59	» »	256 80	201 40	6.609 49
Dôme et façade	9.973 20	7.630 20	» »	326 80	400 80	18.331 »
Salons des Beaux-Arts .	3.855 15	4.897 80	» »	705 45	357 40	9.815 80
Galerie centrale	3.204 78	2.167 34	» »	546 15	263 20	6.181 47
Galerie des machines .	4.569 93	5 385 80	1.930 59[1]	768 45	474 55	13.129 32
Galeries annexes. . . .	879 61	1.440 »	» »	303 45	77 80	2.700 86
Entrées	3.294 52	2.885 35	» »	293 05	132 »	6.604 92
Jardins, projecteurs et théâtre des enfants. .	3 824 03	3.952 85	» »	823 32	89 40	8.689 60
Exposition ouvrière . .	1.384 16	450 »	» »	139 68	57 80	2.031 64
Kiosque de la musique.	599 89	218 30	» »	223 80	25 »	1.066 99
Théâtre	10.095 60	1.051 56	» »	579 40	208 92	11 935 48
Diorama.	761 85	3.447 57	» »	7 »	60 40	4.276 82
Pavillon de l'Algérie. .	886 45	714 64	» »	60 64	39 60	1.701 03
Pavillon de l'Océanie. .	493 30	452 61	» »	58 64	10 60	415 15
Concours temporaires[2].	646 »	» »	» »	» »	» »	646 »
Allume-cigares (bureau de tabac)	30 »	» »	» »	» »	» »	30 »
Vieux-Rouen	1.956 50	1.713 24	» »	471 75	73 20	4.214 69
	50.284 61	39.575 89	1.930 59	5.678 65	2.533 82	100.003 56
A cette somme il y a lieu d'ajouter l'assurance du matériel.						565 »
Montant de la dépense totale.						100.568 56

Pour la fourniture du courant destiné soit à l'éclairage, soit à la force motrice, le Conseil supérieur avait traité avec la Société Normande d'Electricité.

La convention stipulait expressément que le courant employé à l'éclairage par incandescence devait avoir les qualités des courants destinés à un service public, mais que le courant employé à la force motrice ou à l'éclairage par lampes à arc pouvait provenir d'appareils installés dans des conditions de marche industrielle, sans qu'il fût nécessaire, notamment, d'en régulariser le débit à l'aide d'accumulateurs.

1. Pour mettre en action le ventilateur de la cheminée.

2. Nous ne pouvons pas fixer de chiffre pour la consommation, les lampes ayant été desservies par le compteur général du dôme et de la façade.

Il en résultait, pour la Société Normande, l'obligation de tirer de sa station centrale tout le courant destiné à l'incandescence, et la faculté, si elle le jugeait utile, d'installer dans la galerie des machines une station auxiliaire pour alimenter les lampes à arc et fournir la force motrice.

Le traité réservait d'ailleurs la galerie des machines, où le Comité conservait le droit de produire ou de demander aux exposants le courant nécessaire à l'éclairage et à la force motrice.

En fait, cette clause ne fut pas appliquée, et la Société Normande fut seule chargée de pourvoir à tous les besoins de l'Exposition.

Elle fut ainsi amenée à installer, comme son traité l'y autorisait, une station auxiliaire au Champ-de-Mars, la vapeur étant fournie par la batterie de chaudières de la galerie des machines. Il en résulta quelques difficultés; au moindre accroc dans l'éclairage (et il s'en est produit), l'Exposition, les exposants de générateurs et la Société Normande jouaient à la balle avec la responsabilité.

L'installation d'une station auxiliaire au Champ-de-Mars était indispensable, mais elle eût dû comprendre les appareils producteurs de vapeur, de façon à pouvoir se suffire à elle-même. Le Comité y eût gagné un service mieux assuré et beaucoup de tranquillité.

Le courant provenant de la station centrale était livré par la Société Normande, au compteur d'énergie, à raison de 0 fr. 45 le kilowatt-heure; le prix du courant produit à la station auxiliaire était abaissé à 0 fr. 40[1].

Ces prix comprenaient : la fourniture du courant; la fourniture, la pose, l'entretien des compteurs nécessaires; la fourniture, la pose, l'entretien normal et l'enlèvement de l'installation électrique proprement dite : tableaux de distribution, canalisation en fils nus avec isolateurs en porcelaine aboutissant aux points de suspension des lampes à arc, canalisation en fils isolés, sous moulure ou sur porcelaine, pour lampes à incandescence[2].

1. Par sa délibération en date du 9 août 1895, le Conseil municipal avait autorisé la Société Normande à fixer, pour l'Exposition, un prix maximum de 0 fr. 06 l'hectowatt, sur lequel la Ville percevait une redevance de 2 0/0.

2. La fourniture des canalisations ne comportait que les conducteurs principaux ayant au moins 10 $^{m}/^{m}$ de section.

L'installation comportait une soixantaine d'arcs et environ deux mille lampes à incandescence; il y eut plus de *six kilomètres* de fils dont la section était moindre que 10 m/m, et dont le Comité devint propriétaire.

Dans le tableau ci-dessus, tous les appareils figurent pour leur prix de location, bien que plusieurs d'entre eux aient été mis gracieusement à la disposition du Comité par certains exposants; de même, le courant est uniformément compté à 0 fr. 45 le kilowatt.

Il y a donc lieu de porter, en regard de la dépense, des recettes correspondant, soit à l'économie réalisée par suite du prêt des exposants, soit à la fourniture de vapeur :

Revente de matériaux :		
Matériel prêté par les exposants	2.250f.00c.	2.895f.95c.
Cession effective à la Société Normande	645 95	
Fourniture de vapeur : Réduction du prix de l'hectowatt pour le courant provenant de la station auxiliaire.		2.053 68
Redevance au Comité sur la fourniture de courant aux exposants (5 0/0 de la recette).		719 48
Total.		5.669f.11c.

La recette sur les exposants s'étant élevée à 14,389 fr. 60, la Société Normande a donc encaissé, par le fait de l'Exposition, une somme d'environ 110,000 francs.

Nous ne la déduisons pas exactement, en francs et centimes, des chiffres ci-dessus, parce que, dans nos relevés, ne figurent pas les installations faites au compte des exposants.

Il est intéressant, cependant, de donner ce chiffre, bien qu'il soit au-dessous de la réalité, pour montrer, par un exemple, quel mouvement d'affaires peut créer une Exposition.

Galerie des Machines. — Les dépenses spéciales à la galerie des machines se sont élevées à la somme de 113,189 fr. 19 c.

Dans une Exposition, la galerie des machines est l'une des parties qu'il est nécessaire de soigner particulièrement; elle n'intéresse pas seulement les hommes techniques, elle attire le public tout entier, en raison du mouvement qui la rend vivante. Aussi, avons-nous cru devoir l'éclairer pour la laisser ouverte le soir, et les visiteurs n'ont jamais manqué.

Nous en présentons le budget avec quelques détails :

Installation :			
Maçonnerie et menuiserie[1]		19.559 f. 11 c.	77.971 f. 12 c.
Chaudronnerie[2]		6.961 25	
Transmission		39 055 56	
Cheminée et ventilateur		3.500 »	
Divers (y compris l'entretien)		8.895 20	
Dépenses en marche :			
Personnel de chauffeurs		1.358 50	35.218 07
Charbon		14.119 60	
Electricité pour le ventilateur de la cheminée		1.930 59[3]	
Gaz pour le moteur Niel	177 f. 84 c.	2.684 70[4]	
Gaz pour le ventilateur	2.506 86		
Consommation d'eau		3.925 95	
Eclairage électrique (installation, entretien et courant)		11.198 73	
TOTAL			113.189 f. 19 c.

Il nous parait intéressant de mettre en relief les dépenses nécessitées par la cheminée Prat, à tirage accéléré, en nous bornant aux seuls chiffres apparents dans le tableau-ci-dessus, c'est-à-dire le prix de l'appareil et la consommation de gaz et d'électricité : elles se sont élevées à 7,937 fr. 45.

Il en est très certainement résulté une économie sur le prix d'une cheminée en briques, qu'on eût dû faire très haute pour obtenir un tirage parfait; économie, surtout en raison du peu de durée de l'Exposition. Mais il faut observer que la dépense totale est formée de deux parties : l'une fixe, pour premier établissement ; l'autre variable avec le temps, représentée par la force motrice nécessaire au ventilateur.

1. En particulier, un caniveau maçonné renfermant les conduites de vapeur, long de 150 mètres environ, et un refend vitré pour isoler du reste de la galerie la partie où se trouvaient les générateurs de vapeur, la cheminée et les appareils producteurs de gaz pauvre.

2. En particulier, les conduites de vapeur et un détendeur de vapeur.

3. A 0 fr. 40 le kilowatt.

4. A 0 fr. 18 le mètre cube

Cette dernière s'est élevée à 4,437 fr. 45 pour 160 jours environ de marche, soit 27 fr. 70 par journée de douze heures : un peu plus de deux francs par heure.

Il en résulte que la dépense croît rapidement avec le temps quand l'appareil doit fonctionner sans arrêt, aussi longtemps que les feux sont allumés.

Nous n'avons pas à étudier dans ce rapport d'ensemble, forcément sommaire, les avantages ou les inconvénients du système. C'est, d'ailleurs, affaire aux techniciens. Nous nous bornons à en signaler l'application, toute naturelle, dans une Exposition destinée à mettre sous les yeux du public les procédés de l'industrie. Nous y trouvions, de plus, l'avantage d'avoir moins de fumée apparente, ce qui résulte, en dehors de toute autre considération, de ce que les poussières entraînées se trouvent diluées dans un plus grand volume de gaz.

Récompenses. — La distribution solennelle des récompenses a eu lieu le 17 octobre 1896, dans la Salle des Fêtes de l'Exposition, sous la présidence de M. Picard, Commissaire Général de l'Exposition Universelle de 1900.

Les Jurys avaient décerné comme récompenses :

	Hors Concours	Grands Prix	Diplômes d'honneur	Médailles or	Médailles argent	Médailles bronze	Mentions honorables	TOTAUX
Groupe I	13	24	75	147	291	336	511	1.397
— II	9	5	8	19	11	14	2	68
— III	21	9	12	51	38	15	9	155
— IV	14	6	9	28	23	19	2	101
— V	13	6	28	63	73	32	6	221
— VI	64	16	44	96	111	94	24	449
— VII	40	16	23	49	56	34	27	245
— VIII	16	8	16	28	37	39	9	153
— IX	7	»	8	14	14	4	2	49
— X	3	»	4	9	13	9	6	44
— XI	1	4	12	14	18	8	4	61
— XII	4	2	4	»	5	7	1	23
— XIII	1	23	14	42	35	6	4	125
Algérie . . .	7	6	14	59	90	49	28	253
Beaux-Arts . .	»	»	6	57	»	»	36	99
Concours temporaires. . .	»	4	6	19	24	29	25	107
Collaborateurs .	»	»	13	33	8	»	»	54
	213	129	296	628	847	695	696	3.504

Aux termes du Règlement général, les diplômes des six premières catégories devaient être accompagnés d'une médaille commémorative en bronze : une seule médaille par personne, quel que fût le nombre des diplômes obtenus. Par décision du Conseil supérieur, les médailles des trois premières catégories furent livrées en bronze argenté.

Il avait été décerné en outre, comme médailles et diplômes commémoratifs :

Au Jury supérieur	31 médailles et		31 diplômes	
Au Jury.	418	—	418	—
Au Conseil général de la Seine-Inférieure	50	—	»	
Au Comité d'honneur et au Conseil municipal de Rouen	50	—	»	
Au Comité général	78	—	78	—
Aux Comités d'organisation . .	90	—	90	—
Au Comité parisien	81	—	»	
Au Comité bordelais	37	—	»	
Aux membres correspondants. .	5	—	5	—
Aux collaborateurs du Comité .	31	—	31	—

Soit, en plus des récompenses attribuées par les Jurys, 871 médailles et 653 diplômes.

Les frais occasionnés par la distribution des récompenses s'établissent comme suit :

Palmarès		2.400 f. » c.
Médailles :		
Maquette	5.000 f. » c.	32.030 95
Frappe et métal	13.555 30	
Argenture, patine, gravure de lettres	6.106 70	
Ecrins	7.068 25	
Divers (frais d'envoi, etc.).	300 70	
Diplômes :		
Dessin	1.000 »	11.278 90
Gravure.	1.500 »	
Impression.	6.623 »	
Confection	1.551 60	
Tubes pour l'expédition	300 »	
Divers (frais d'envoi, etc.).	304 30	
	Total	45.709 f. 85 c.

Comme il a été livré effectivement 4,043 médailles[1], 30 en argent, les autres en bronze (les deux tiers environ de ces dernières argentées), le prix moyen d'une médaille livrée ressort à 7 fr. 92 c.

Le nombre des diplômes délivrés[2] s'est élevé à 5,706, ce qui fait ressortir le prix du diplôme à 1 fr. 98 c.

En regard de ces dépenses, il y a lieu d'inscrire une recette de 5,884 fr. 05 : 699 fr. 10 c. pour vente de palmarès, 2,387 fr. 25 c. pour vente ou recouvrement de frais d'envoi de diplômes, 2,797 fr. 70 c. pour vente ou recouvrement de frais d'envoi de médailles.

Remises et Subventions. — Le total des remises et subventions s'est élevé à 32.175 fr. 65. Nous en donnons ci-après le détail :

Remises :			
Aux marchands de tickets	11.373 f.	40 c.	27.150 f. 65 c.
Remboursements à certains abonnés	1.300	»	
Timbres des abonnements supérieurs à 10 francs	435	70	
Participation du propriétaire des appareils automatiques	13.739	15	
Participation de l'éditeur sur la vente des catalogues	302	40	
Subventions :			
Subvention au théâtre des enfants	400	»	5.025 »
Droit des pauvres (Villages noirs)	1.500	»	
Subvention au Refuge du Grand-Quevilly	3.125	»	

Nous avons raconté[3] comment nous avons été amenés à accepter le concours des marchands de tickets ; la somme de 11.373 fr. 40 représente le montant des remises faites sur les tickets vendus par leur intermédiaire.

Les remises aux abonnés ont consisté en remboursements sur les prix payés au moment du retrait des cartes.

Le Conseil supérieur ayant pris, après l'ouverture de l'Exposition, la décision de délivrer des abonnements à prix réduits à certaines catégories de personnes, presque tous les intéressés déjà pourvus de cartes sont venus faire valoir leurs droits.

1. En outre, une médaille de grand module, en or, avait été remise au Président de la République à l'occasion de sa visite à l'Exposition.

2. Premières expéditions et duplicatas.

3. Voir page 102.

Le dernier article du chapitre « Subventions » appelle quelques explications. Au Refuge du Grand-Quevilly, il y a un atelier de galvanoplastie ; il fut demandé au Conseil supérieur une subvention permettant d'y reproduire les célèbres bas-reliefs de l'hôtel Bourgtheroulde pour les faire figurer à l'Exposition. Le Conseil ne crut pas devoir refuser, estimant qu'il ferait une bonne action et une œuvre intéressante. C'est ainsi que fut inscrite au budget la subvention de 3,125 francs. L'Exposition terminée, les bas-reliefs furent donnés au Département.

Chapitres divers. — Sous la rubrique « Chapitres divers » de l'état général des recettes et des dépenses, sont compris :

Les frais nécessités par l'occupation des baraquements militaires.	41.363 f.	75 c.
Les fournitures au bureau de tabac	13.753	40
L'impression des tickets d'entrée et l'installation des tourniquets [1].	5.505	15
Les frais de réceptions et fêtes.	11.508	05
L'entretien général.	9.300	47
La remise en état du Champ-de-Mars [2]	4.487	40
Le contentieux	10.978	85
Les intérêts dus au Comptoir d'escompte sur les fonds avancés . .	12.603	»
Total.	109.500 f.	07 c.

Il nous paraît utile de passer en revue ces différents chapitres et de fournir quelques explications sur certains d'entre eux.

Occupation des Baraquements militaires. — Dès que le Champ-de-Mars eut été désigné par le Comité général comme l'emplacement de la future Exposition, le Conseil demanda l'autorisation d'occuper une partie de la cour intérieure des baraquements, propriété de la Ville sous la garde du Génie militaire. Ces baraquements, dits provisoires, formaient depuis cinquante ans un quadrilatère fermé, du côté de la place, par des bâtiments bas et de médiocre valeur, qui furent démolis pour permettre l'emprise.

Plus tard, pour installer le Théâtre et le Diorama, il fallut solli-

1. Les tourniquets ont été mis gracieusement à la disposition du Comité par MM. Chateau père et fils, constructeurs à Paris. L'Exposition n'a eu à sa charge que les frais d'expédition.

2. Les travaux de remise en état du Champ-de-Mars ont été seulement commencés par l'Exposition ; ils ont été achevés par les soins et aux frais de la Ville. Le devis s'élevait à une dizaine de mille francs environ.

citer encore de l'Autorité militaire un recoin adossé aux talus de la place et de l'avenue Saint-Paul, et supprimer un hangar, à usage de forge, en fort mauvais état et de nulle valeur.

Note à payer :

Enregistrement du traité passé avec le Ministre de la Guerre. . .	144 f. 60 c.
Prix convenu pour la location	36.000 »
Installation provisoire d'une forge	219 15
Reconstruction de la forge à son emplacement primitif.	5.000 »
Total.	41.363 f. 75 c.

La surface concédée, dans la cour des baraquements et l'enclave de la forge, était de 3,100 mètres carrés. Le prix du mètre occupé ressort donc à 13 fr. 35 environ.

Bureau de Tabac. — L'installation d'un bureau de tabac à l'Exposition était de tous points désirable, et le montant de la vente la justifie amplement. Les recettes ont, en effet, atteint 15,140 fr. 80 c.

Les frais se sont élevés à 15,558 fr. 60, ainsi décomposés :

Installation du bureau	630 f. » c.
Allume-cigares électrique[1]	30 »
Fourniture de tabac	13.753 40
Personnel	1.145 »
Total.	15.558 f. 40 c.

Le bureau de tabac a creusé un déficit de 417 fr. 60, déficit qui eût pu être fortement réduit par la diminution des frais de personnel.

Toutefois, il ne faut pas considérer, dans une Exposition, un bureau de tabac comme une source de bénéfices ; il faut le prendre comme une facilité donnée aux visiteurs, au même titre que le bureau des postes et télégraphes.

Réceptions et Fêtes. — Ce chapitre comprend, entre autres dépenses, le banquet d'inauguration[2], pour 7,080 fr. 70, et les frais

1. Installation et courant ; pour être véridiques, nous devons avouer que l'allume-cigares électrique n'a pas fonctionné à la satisfaction générale ; on s'y brûlait surtout les doigts.

2. L'Exposition avait été inaugurée le 16 mai en présence du Ministre du Commerce et du Ministre des Colonies. Le banquet fut servi, au Champ-de-Mars, dans l'un des salons des Beaux-Arts, au milieu d'un décor formé de tableaux de maîtres, décor comme il est rare d'en trouver pour une pareille fête.

de décoration, à l'occasion de la visite du Président de la République, pour 2,790 fr. 40.

Le 17 octobre, jour de la distribution des récompenses, un second banquet réunit les exposants et les collaborateurs du Comité dans les salons du restaurant Leloup, à l'île Lacroix. Nous nous étions tout d'abord cru obligés, par convenance, d'en faire les frais, et nous hésitions devant la perspective d'un nouveau trou au budget. Quelques-uns des membres du Comité parisien, promoteurs de l'idée, rassurèrent nos consciences : le banquet fut organisé par souscriptions[1]. La réunion parut très brillante, et l'Exposition n'eut à sa charge que des frais insignifiants. Nous pensons, en présence du succès obtenu, que l'exemple est bon à suivre toutes les fois que des fêtes doivent être données à l'occasion d'une Exposition, quand l'Exposition elle-même n'a pas exclusivement pour hôtes des personnalités officielles.

Contentieux. — La somme de 10.978 fr. 85, inscrite au chapitre « Contentieux », représente à peine 0,55 0/0 du montant des recettes. Elle ne comprend pas seulement le reliquat des comptes litigieux, il y figure aussi certaines indemnités qui eussent pu, presque avec autant de raison, être considérées comme des subventions ou des secours. Mais le tout fût-il de nature litigieuse, qu'il y aurait lieu de se féliciter de son peu d'importance. Nous avons dit[2] quelles objections pouvait soulever, comme Société, la constitution défectueuse, ou tout au moins discutable, du Comité général ; si les difficultés ont été rares et, en général, facilement aplanies, il en faut remercier la Commission du contentieux[3], chargée par le Conseil supérieur d'examiner tous les cas, avec pleins pouvoirs pour poursuivre ou transiger, Commission qui fonctionnait encore alors que l'Exposition était fermée depuis longtemps.

Avant de clore l'étude anatomique du budget, nous croyons devoir reconstituer quatre chapitres : l'Enseignement, les Beaux-Arts, les Colonies, les Concours temporaires, en groupant leurs éléments épars dans les pages qui précèdent. Les dépenses engagées

1. La souscription était de 20 francs.

2. Voir page 32.

3. Sous la présidence de M. Gaston Boulet, Vice-Président de l'Exposition.

n'ont pas de contre-partie apparente, ce qui ne veut pas dire que l'Enseignement, les Beaux-Arts, les Colonies, les Concours temporaires ont constitué des charges sans compensations; mais les charges seules sont du domaine de la comptabilité.

Enseignement. — L'exposition de l'Enseignement avait été installée dans une annexe spéciale élevée à l'extrémité de l'une des galeries, dans la cour des baraquements militaires. Les exposants étaient admis gratuitement, casiers et vitrines à la charge du Comité.

Construction et aménagement spécial des galeries. .	14.171 f. 82 c.
Divers	376 35
Total des dépenses pour ce chapitre. . .	14.548 f. 17 c.

Beaux-Arts. — Les dépenses faites en vue de la section des Beaux-Arts se sont élevées à 58,528 fr. 09, qui se décomposent comme suit :

Aménagement spécial des salons, notamment au point de vue de l'éclairage.	15.114 f. 12 c.
Transport et installation des tableaux et statues. — Divers	25.775 72
Surveillance	3.184 »
Assurances.	4.638 45
Eclairage électrique (installation et consommation de courant)	9.815 80
Total.	58.528 f. 09 c.

La section des Beaux-Arts, en dehors de la vente des catalogues, qui a produit 1,703 francs, ne comportait pas de recettes directes. Elle a eu un très grand succès, et il n'est pas douteux qu'elle ait attiré des visiteurs, ou plutôt ramené des visiteurs désireux de la parcourir plusieurs fois, pour l'étudier à loisir.

Colonies.

Indes et Indo-Chine :		
Construction et aménagement		8.576 f. 75 c.
Océanie :		
Construction et aménagement	2.177 f. 20 c.	3.473 35
Eclairage	415 15	
Divers	881 »	
Algérie :		
Construction et aménagement.	12.717 48	14.418 51
Eclairage.	1.701 03	
Total des dépenses pour ce chapitre. . . .		26.468 f. 61 c.

Le pavillon des Indes et de l'Indo-Chine n'était pas éclairé le soir ; il renfermait seulement des produits et des collections.

Les sections de l'Algérie et de l'Océanie, plus vivantes, ne fermaient qu'à la dernière heure. On y trouvait un café maure, une dégustation de vins d'Algérie[1], des appareils automatiques avec photographies. Sur le pavillon d'Algérie, quatre spahis veillaient, quatre spahis qui, dans les revues, pouvaient se ranger par la nuance autant que par l'ancienneté ou la taille ; leur coloration variait du jaune au noir. En somme, un foyer d'attractions.

CONCOURS TEMPORAIRES.

Aménagement et installation	7.685 f. 43 c.
Eclairage[2]	646 »
Divers	1.851 20
Total des dépenses pour ce chapitre. .	10.182 f. 63 c.

Les exposants étaient admis gratuitement et recevaient une carte permanente pendant la durée des concours.

Les expositions de fleurs ont certainement constitué une attraction et ont été plus goûtées du public que les produits de la laiterie, par exemple.

Nous considérons, d'ailleurs, comme un devoir de signaler le soin tout particulier que les Membres du Jury de ces sections ont apporté dans leurs opérations, faites aussi consciencieusement qu'il est possible.

En résumé, les quatre éléments de l'Exposition qui ne présentaient pas de contre-partie directe dans les recettes : Enseignement, Beaux-Arts, Colonies, Concours temporaires, figurent à notre budget pour une dépense totale de 109,727 fr. 50.

Dans un coin de l'état général des recettes et des dépenses, et, malheureusement, du côté des recettes, se cache un dernier chapitre dont nous devons nous décider à dire quelques mots. Nous l'avons intitulé : *Subventions volontaires pour faire face à l'insuffisance des recettes.* La phrase est longue, mais elle a le double avantage d'être

1. Voir page 31.
2. Voir la note 2, page 152.

claire et d'éviter un mot cru : c'est le manteau jeté sur Noé par un fils pieux. L'aventure du père est tout à l'honneur du fils.

Ne pourrions-nous relever simplement, dans cette ligne du budget, la bonne volonté de quelques amis de l'Exposition, pour les en remercier? Après tout, le cas n'est pas banal, et il vaut d'être signalé à tous les souscripteurs du capital de garantie, et même à tous ceux qui ont pris quelque plaisir à l'Exposition de 1896.

Mais, en somme, que cache le manteau?

L'insuffisance des recettes, pour une dépense supérieure à deux millions, n'est que de « 146,000 francs » en chiffres ronds, soit 7,3 0/0.

Nous avons montré comment nous avons sciemment creusé un trou de 110,000 francs environ pour l'Enseignement, les Beaux-Arts, les Colonies, les Concours temporaires; comment nous n'avons pas hésité à dépenser près de 400,000 francs (179,000 francs pour les festivals et concerts, 176,000 fr. pour le Vieux-Rouen, 28,000 fr. pour le Théâtre), en vue de doter l'Exposition d'attractions artistiques. Ce sont là des excuses qu'on peut formuler à haute voix et qui méritent d'être prises en considération[1].

Nous avons dit, enfin, comment le mauvais temps a déjoué nos projets et ruiné des espérances à la veille d'être réalisées. Cette constatation, nous l'avons appuyée d'une citation extraite du rapport lu, le 31 mars 1897, à l'Assemblée des actionnaires de la Compagnie de l'Ouest, par le Conseil d'administration : « Nous donnerons, d'ailleurs, une idée de l'influence des variations climatériques sur nos recettes, en disant que, sur le seul mois de septembre, nous avons perdu de ce chef environ 600,000 francs. »

Avec les mois de septembre et d'octobre ensoleillés, nous n'eussions sans doute pas eu besoin de chercher un euphémisme pour inscrire une ligne au budget, côté des recettes, et peut-être la satisfaction nous eût été réservée d'écrire en toutes lettres, du côté des dépenses, le mot bénéfices, qui est un mot propre.

Malheureusement, nous n'avons pas su commander aux éléments.

Est-il besoin de conclure, ou plutôt le récit qui précède comporte-t-il une conclusion? Nous ne le pensons pas.

1. Rappelons encore que l'Exposition ouvrière nous a coûté, comme construction, aménagement et éclairage, 25,921 fr. 61 c. (voir pages 144 et 152), et que nous n'avons reçu de son comité, à titre de loyer, que 8,607 fr. 45 c. Il est donc resté à notre charge de son fait 17,314 fr. 16 c.

Bornons-nous à souhaiter à nos successeurs confiance et entrain. Qu'ils ne se laissent pas décourager par l'accueil glacial des indifférents et des sceptiques, et qu'ils soient bien convaincus que « nul n'est prophète en son pays ». Le proverbe est vrai depuis qu'il y a des hommes, et qui critiquent. Nous en sommes une preuve vivante ; mais, par amour-propre, nous en croyons devoir donner deux autres exemples.

On lit dans le *Journal officiel de l'Exposition de Bordeaux*, numéro du 5 mai 1895 :

« Dans une semaine, les gens qui se posaient depuis tant de mois en prophètes de malheur, prétendant qu'*on* ne marchait pas et qu'*on* n'arriverait jamais, en seront pour leurs frais de prédictions pessimistes, et ils en seront réduits à se raccrocher aux détails, à trouver que telle installation n'est pas finie, que telle décoration reste à achever, que telle attraction n'est pas encore prête, comme si jamais, au grand jamais, on avait vu une Exposition s'ouvrir avec ses éléments au complet.

» L'année dernière, au moment de l'ouverture de l'Exposition de Lyon, un journal de cette ville disait qu'on avait cru hors Lyon, plus qu'à Lyon, à l'Exposition lyonnaise. Avec combien plus de raison pourrait-on dire la même chose de l'Exposition de Bordeaux ! Il n'y a guère que les Bordelais qui aient émis des doutes au sujet de l'Exposition qui va s'ouvrir... »

Après Lyon, Bordeaux ; après Bordeaux, Rouen ; après Rouen, toutes les villes qui prépareront des Expositions, sans en excepter les capitales.

Ils ne mouraient pas tous, mais tous étaient frappés.

Pourquoi, d'ailleurs, les Expositions échapperaient-elles à la loi commune ? Ce sont des œuvres humaines ; pour les juger sans parti-pris, il faut le recul du temps. Au début, les critiques s'adressent à l'œuvre, mais visent l'ouvrier.

A l'ouvrier de reconnaître celles qui sont fondées et dont il doit faire son profit. Un grain de philosophie l'aide à supporter les autres.

E. GARNIER,
Paris, 49, rue de Boulainvilliers.

Juin 1897 — Décembre 1898.

TABLE

Pages

PREMIÈRE PARTIE.

DEUXIÈME PARTIE.

HORS TEXTE.

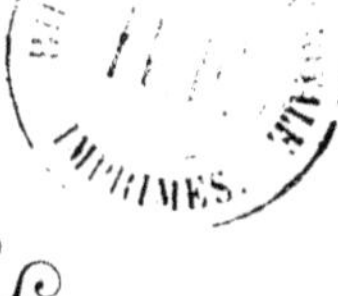

ROUEN

IMPRIMERIE J. LECERF

1899.

www.ingramcontent.com/pod-product-compliance
Lightning Source LLC
LaVergne TN
LVHW051112200726
843508LV00001B/461

* 9 7 8 2 3 2 9 8 1 0 8 7 4 *